KB025770

점

# 점

*DOT*

나사에서 10년간 배운 100가지 지혜

**김현정** 지음

싱긋

차례



## 실수



## 성장

## 일 I

## 일 II



## 리더십

## 자기애

# 프롤로그

이 책을 펼친 당신을 환영합니다. 제 보물창고에 넣어두었다가 필요할 때 다시 찾아 읽던 '지혜의 일기'를 당신과 공유합니다. 이 '일기' 속 지혜의 출처는 저의 근무지, 나사National Aeronautics and Space Administration, 미항공우주국입니다.

저는 2009년부터 미국 버지니아주에 있는 국립항공우주연구소National Institute of Aerospace를 통해 나사 랭글리리서치센터NASA Langley Research Center에서 계약 연구원으로 근무하고 있습니다. 저는 뜻밖의 계기로 나사에서 일을 시작하게 되었습니다. 2008년 박사과정 학생 신분으로 이탈리아 시칠리아에서 열리는 세계 학술대회에 참석했다가 나사 과학자로부터 박사후연구원Post-doctoral Fellow으로 나사에서 일할 수 있는 기회를 제안받았습니다. 사실 그전까지는 나사가 구체적으로 무엇을 하는 곳인지도 알지 못했고, 나사에서 일하는 것을 꿈꿔보지도 않았습니다. 학회 마지막 날, 초청연사로서 학회에 참석한 나사 연구원의 발표가 끝난 뒤 학회 주최측은 시칠리아 시내투어를 마련해주었습니다. 1시간 남짓 되는 자유시간 동안 대부분의 참석자들은 기념품 쇼핑을 즐기는 중에 나사 연구원이 저에게 다가와 언덕 위에 있는 유적지에 가려는데 말동무가 되어주지 않겠느냐고 물었습니다(아마도, 혼자 한국에서 학회에 온 씩씩한 여학생이라면 모두가 꺼리는 등산쯤은 쉽게 수락할 거라 생각한 듯합니다). 그렇게 해가 저물어가는 언덕길을 오르내리면서 우리는 나사에 대해서, 내 연구에 대해서, 미래의 나사 연구에 대해서 쉼없이 이야기를 나누었습니다. 그리고 학회를 마치고 실험실로 출근한 나에겐 졸업과 동시에 박사후연구원으로 채용하고 싶다는 나사 연구원의 이메일이 도착해 있었습니다. 이렇게 나사에서 일할 수 있는 기회가 꿈처럼 다가왔지만, 주변으로부터 외국인이 미국 연방정부기관인 나사에서 일하는 것은 어려울 거라는 이야기도 들었고, 가족을 떠나 혼자서 말이 설고 문화도 설은 외국 땅에서 산다는 것은 상상 이상의 용기가 필요한 일이었습니다.

게다가 저는 매우 평범하고, 부족한 것이 많은 사람입니다. 한국에서 책으로 영어를 배웠고, 나사에서 수도 없이 많은 실수를 하며 지금까지 지내오고 있습니다. 나사에서 일을 시작하고 처음에는 몇날 며칠 제 무능을 탓하며 울면서 보냈습니다. 다만 저는 타인과 세상을 통해 배우는 것을 즐기는 사람입니다. 그리고 "언제나 당당히 해보렴" 하고 말해주시는 든든한 부모님과 "해보고 안 되면, 뭐가 안 되는 건지 배운 거니까 일단 해보자"라고 말해주는 동료들의 격려와 도움이 있었습니다. 그렇기에 저는 실패하고, 좌절하고, 극복하고, 희망을 찾아가면서 주변 사람들에게 배운 이야깃거리를 많이 담고 있는 사람이기도 합니다.

이 책은 나사에서 일하는 베이비baby 연구원이 지난 12년간 주니어junior 연구원으로 성장하면서 배운 삶의 지혜를 구체적인 에피소드와 함께 소개합니다. 말하자면, 저의 실수의 기록이자 성장의 기록입니다. 처음에는 실수를 거듭할 때마다 스스로를 탓하고 울기만 했는데, 어느 날 문득 더이상 실수를 반복하지 않기 위해 이 일들을 기록해두자는 생각이 들었습니다. 필요할 때 상황별로 찾아볼 수 있는 '지혜의 일기'를 써보자는 것이었지요. 책상서랍 깊숙이 넣어두었다가 이따금 꺼내어 쓰고 읽고 했던 저만을 위한 일기였습니다. 그러다가 한국의 대학에서 강의를 하거나 나사에서 학생들을 멘토링하면서, 그들이 궁금해하고 고민하는 질문에 답하기 위해 제가 쓴 '지혜의 일기'를 꺼내보는 일이 잦아졌습니다. '저'의 이야기를 나누다보니 '우리'라는 공감대를 가지게 되었고, 긍정적이고 희망적인 메시지를 서로 주고받게 되었습니다. 특히 한국의 중고등학교에서 강의를 하다보면, '나사에서 일하는 것이 꿈'인 학생들을 종종 만나게 됩니다. 한국에서 나고 자란 제가 나사에서 일하고 있다는 자체가 그들에게 희망이 된다는 사실을 알게 되었습니다.

이 책에 등장하는 공간은 나사이지만, 제가 보고 겪은 공간으로 한정됩니다. 제가 관찰하고 배운 지혜가 어쩌면 다른 누군가에게도 도움이 될 수 있겠다는 생각에, 지금까지 쓴 글을 모아서 책으로 엮게 되었습니다. 지난 12년간 쓴 글들이 100개 남짓 되었습니다. 그만큼 실수를 많이 했고, 실수 안에서 배워가며 일을 좀더 잘하고 싶었고, 경력이 쌓인 후에는 리더로서 조직을 효과적으로 이끌고 싶었습니다. 이 책은, 그렇게 치열하게 '배우며' 일해온 한 연구원의 성장글인 셈입니다.

이 책을 통해 저 자신의 경험이 독자 여러분에게서 새로운 생명을 얻기를, 그리하여 각자의 '지혜의 일기'가 탄생하기를 소망합니다.

√ 실수를 통해 성장하고 싶은 사람

√ 리더가 되고자 하는 사람

√ 나사 연구원의 라이프 스토리가 궁금한 사람

√ 일 잘하는 사람들에게서 지혜를 배워 일상에 적용하고 싶은 사람

√ 웃음과 희망이 필요한 사람

이러한 모두에게 저의 '지혜의 일기'를 보냅니다. 특히, 언젠가 나사에서 일하는 것이 꿈인 학생들과 이 이야기들을 함께 나누고

싶습니다.

책의 제목은 '점'입니다. 여기서 점은 '닷(Dot)'입니다. 이 제목은 엄마가 종종 들려주신 '삶'에 대한 아름다운 말씀에서 연유합니다. 엄마는 저에게 "인생은 수많은 점들로 이루어진 선"이라고 말씀하시곤 했습니다.

> "현정아, 우리 인생은 멀리서 보면 하나의 직선으로 보이지만 가까이에서 보면 무수히 많은 점이 모여 만들어낸 선이란다. 각각의 점들은 내 삶의 발자취란다. 그 점들은 다양한 크기와 높낮이를 가지고 있을 뿐 아니라, 각각의 점들 사이도 각양각색이야. 재미있고, 즐겁고, 성취감을 주는 일들이 많았던 해에는 아주 큰 점을 찍을 수 있는 거지. 네 삶의 모든 순간을 거쳐야지, 어느 한 부분은 뛰어넘고 다음으로 넘어갈 수는 없단다. 네 삶의 점을 계속해서 찍고 앞으로 전진해야 선이 되는 거야. 살다보면, 어느 점은 찍지 않고 도망치고 싶은 순간도 있고, 너무나도 행복해서 다음 점으로 넘어가고 싶지 않은 순간도 오겠지만, 삶은 어느 한 점에 머무를 수 없으니 네 점을 잘 찍으면서 꾸준히 네 삶의 선을 그리렴."

이제 나사에서 찍은 제 삶의 수많은 점들을 독자 여러분에게 소개합니다. 수없이 실패하고, 좌절하고, 극복하고, 희망을 찾아가면서 찍은 제 점들이 여러분의 삶에도 자그마한 점으로 남을 수 있기를, 그리고 멋진 선으로 이어지기를 바랍니다. 당신을 축복합니다.

2021년 5월

김현정

# 실수

# 나는 왜 여기에 있는 것일까?

Why am I here?

나는 지금 미국 버지니아주 햄프턴시에 있는 나사 랭글리리서치 센터에 있다. 랭글리센터는 나사의 전신인 국가항공자문위원회인 나카NACA, National Advisory Committee for Aeronautics가 나사로 확대 개편되기 전부터 우주탐사기술 개발연구를 진행한 곳이다. 10개의 나사 산하 필드 센터 중에서 가장 오래된 센터로 100년이 넘는 역사를 지닌다. 랭글리센터의 이름은 1896년 무인비행기 시험비행을 처음으로 시도한 사무엘 랭글리Samuel Langley의 이름에서 따왔다. 달 착륙 연구를 비롯해 우주선의 안전과 성능 및 효율성 연구를 진행하고, 세계에서 가장 빠른 바람을 만들어내는 풍동시설을 갖추고 있는 곳이다. 영화 〈히든 피겨스Hidden Figures〉(동명의 원작소설도 있다)의 실제 모델인 캐서린 존슨과 함께 우주개발에 기여했던 흑인 여성 공학자들이 재직했던 센터이기도 하다.

"와!" 소리가 저절로 나올 법한 멋진 곳으로 매일같이 출근하면서 '나는 왜 여기에 있는 것일까'에 대해 12년 동안 끊임없이 자문해왔다.

"나사에서 일하면 자부심이 클 것 같은데, 스스로에게 그런 질문도 해요?"라고 다소 의아하다는 식으로 말하는 사람도 있었고, "낯선 땅에서 10년이 넘도록 지내다니, 대단하네요"라고 말해주는 사람도 있었지만, 사실 나는 부족한 것이 많은 사람이다. 새로운 환경을 만났을 때 곧잘 두려움에 휩싸이고, 급한 성격 탓에 실수도 자주 하고, 좋고 싫은 기색이 얼굴에 그대로 드러나는, 한마디로 설익은 사람이다. 새로운 일을 마주하고, 새로운 환경을 경험하고, 새로운 사람을 만날 때마다 두려워서 눈을 감아버린다. 눈을 떴을 땐, 꿈에서 깨어나듯 내게 익숙한 상황으로 바뀌기를 바라면서 말이다. 실수를 자주 하다보니 아무것도 하지 말아야겠다는 생각을 할 때도 있고, 부족한 영어 탓에 의도치 않은 말실수를 하고 난 뒤에는 아무 말도 하지 말아야겠다는 다짐도 수없이 했다. 이를 극복하려고 일부러 더 새로운 것에 나를 내던지며 다양한 것에 익숙해지려는 노력도 해봤다. 이런 갖은 노력과 다짐을 하면서까지, 나는 도대체 왜 여기에 있는 것일까?

수없이 되뇌인 질문에서 내가 찾은 대답은 하나다. 부족한 것이 많은 만큼 배워야 할 것도 많은 내가 이곳에 있다보면 성장할 수 있겠다는 믿음 때문이다. 나는 '어제보다 나은 오늘의 나the better version of myself'가 되기 위해 이곳에 있는 것이다. 이곳에는 나를 어제보다 오늘 더, 오늘보다 내일 더 나아질 수 있도록 응원하고, 깨우쳐주고, 도와주며, 기다려주는 사람들이 있다. 그들은 나를 성장하게 한다.

한번은 나사에 외국인 방문자를 초청하는 일을 진행하면서 큰 실수를 했는데, 이를 수습하느라 들였던 수고와 시간이 너무 아까웠던 것은 말할 것도 없고, 나 자신에 대한 실망감이 정말 컸다. '차라리 아무것도 하지 않는 편이 낫겠다. 그래야 이런 멍청한 실수도 없을 테니까' 하고 생각하는 순간, 이런 내 마음을 알았는지 상사는 "네가 실수를 했다는 것은 무엇인가를 열심히 하고 있다는 뜻이고, 네 실수를 옆에서 돕는 것이 내 역할"이라면서 "빨리 달리는 말은 천천히 달리는 말보다 더 큰 저항을 받기 때문에 넘어질 일도 많다"는 조언을 해주었다. 상사의 이 한마디는 무기력하게 주저앉았던 나를 다시 걷게 하고, 달리게 하고, 어제보다 나은 내가 되게 해주었다.

이곳에는 나를 성장으로 이끄는 훌륭한 '스승'들이 많다. 이들 덕분에 나는 '어제보다 나은 오늘의 나'가 된다. 이것이 내가 여기에 있어야 하는 이유다. 성장하는 내가 되기 위해 이곳에 있다는 생각은 언제나 나를 깨어 있게 하고, 이런 깨달음은 나의 생각과 말, 판단과 발걸음을 어제와 다른 발전적인 방향으로 이끌어준다.

# 아무것도 하지 않는 것보다,
# 무엇인가 하는 것이 낫다

Doing something is always better than doing nothing

12년 전 처음 미국으로 건너와 생존을 위한 수단으로 영어를 배웠다. 듣기와 말하기는 그야말로 살기 위해 듣고 말하다보니 실력이 점점 늘었는데, 글을 쓰는 일은 여간해서 늘지 않았다. 글쓰기는 평소에 자주 하지 않으니 그럴 만도 했다. 뭐든 잘하려면 꾸준해야 한다. 지름길은 없다. 어떤 글이든 좋으니 무조건 글을 써야겠다고 마음먹었다. 뭐든 틈만 나면 생각나는 대로 적었더니, 어느 순간 말문이 트인 것처럼 자연스럽게 글을 쓰고 있는 나 자신을 발견할 수 있었다.

하지만 주절주절 쓸데없는 문장이 많아지면서 논리도 흐려지고, 중요한 내용이 제대로 전달되지 않는 문제가 있었다. 그렇게 되니, 영어로 논문이나 기획안을 쓰는 것이 고역이 되어버렸다.

잘하고 싶은데 자꾸만 위축되고, 내가 하는 말이 맞는지, 의미가 제대로 전달되는지 의구심만 가득차서, 사소한 기획안조차 완성하지 못했다.

'어떻게 하면 글을 잘 쓸 수 있을까?' 돌파구를 찾지 못해 방황할 때였다. 다른 팀의 또래 친구와 함께 늘 상상만 하던 아이디어를 두 장짜리 연구 계획서로 작성해 상사에게 제출했다. 상사는 계획서를 훑어보더니 "너는 센터에 있는 1,000명이 마음속으로만 지닌 아이디어를 이렇게 정리해서 표현했으니, 이 일의 절반을 한 것이나 마찬가지"라며 칭찬해주었다. '시작이 반'이라는 우리 속담도 있지 않은가. 마음속으로 가지고 있는 것은 그저 나만 아는 '상상'이다. 그런 것들은 글로 써서 기록하고 표현하는 행위가 없으면, 어떤 의미도 가지지 못하고 그냥 사라지고 만다.

무엇보다 중요한 것은 자신의 생각을 정리하고, 고민하고, 쓰고, 공유하는 것이다. 그것은 다른 이들이 하지 못한 무엇something이고, '아무것도 하지 않는 것보다 나은better than nothing' 일임에 틀림없다. 완벽한 시작은 없다. 하지만 시작하면 완벽에 한 발 다가갈 수는 있다. 그러니 시작도 안 해본 것nothing보다는 무조건 나아질 수밖에 없다.

그날 이후 나는 꾸준히 제안서를 쓰기 시작했고, 동료들은 내가 논리나 이론이 허술한 제안서를 써가도 언제나 훌륭한 시도라고 격려해주었다. 어느 누구도 내게 문법이 잘못되었다느니 말이 안 된다느니 하는 말을 하지 않았다. 그들의 한마디는 나에게 응원이 되어주었고, 제안서를 수정할 용기를 주었다. 매일 조금씩 쓰고 고치기를 반복하다보면 언젠가는 자신 있게 쓸 수 있는 날이 올 것이다. 글을 못 쓴다는 자책과 두려움은 꾸준히 글을 쓰는 습관을 들이면서 사라졌다. 오늘도 쓴다. 그리고 고친다.

# 실수에서 배워라

Learn from your mistakes!

나는 실수가 많다. 급한 마음에 일을 하면 어김없이 넘어지고, 다치고, 망가트리고, 결국엔 실수를 수습하느라 일은 더 늦어진다. 마음이 급하면 실수가 많다는 것을 알면서도 급한 상황에 처하면 실수를 반복한다. 그러고는 '내 이럴 줄 알았어' 하고 한숨을 내쉰다.

이렇게 마음이 급한, 열정만 넘치는 나를 안쓰럽게 여긴 수석 연구원 랍이 언젠가 이런 말을 해주었다. "네 자신의 과거가 네 역사야. 실수한 과거를 돌아보면 실수를 줄이는 방법을 알 수 있어. 그 역사를 끊임없이 생각하고 그 안에서 배우면 실수를 최소화하면서 일을 할 수 있는 거야."

지혜로운 말이다. 역사에서 배우면, 실수를 줄이면서 업무 효율을 높일 수 있다. 여기서 '역사'는 아주 거창한 것이 아니라 '자기 자신'이다. 우선은 반복하고 싶지 않은 실수를 인정하는 일부터 시작해야 한다. 실수를 인정하는 것을 두려워하지 말아야 한다. '내가 무엇인가를 하는 한 나는 실수할 수 있고, 내가 과거에 했던 실수에서 배우려고 하는 한 나는 이전보다 나아지고, 실수도 점차 줄어들 것이다.' 모두들 이렇게 믿으셔도 좋다. 내가 보증한다.

## 실수를 한 번도 해보지 않은 사람은 새로운 것을 한 번도 시도하지 않은 사람일 것이다

Never made a mistake never tried anything!

앞에서 언급한 대로 나란 사람은 실수가 잦다. 그나마 다행인 것은 눈치가 있어서 실수를 빨리 알아차린다. 상대방의 표정이나 말투, 손짓을 보고 '내가 또 실수했구나' 하고 빠르게 깨달은 뒤 상황을 수습하기 위해 애쓴다.

언젠가 한번은 외국인 방문객을 초청하는 업무 과정에서 방문객 이름을 잘못 등록하는 실수를 했다. 익숙한 업무였지만(어쩌면 익숙한 업무여서 긴장이 풀렸는지도 모른다) 방문객의 신분증에 기재된 본명과 편하게 부르는 이름 사이에서 잠시 착각했던 것이다. 현장에서 단순하게 신분을 확인하고 이름을 수정하는 정도로는 해결되지 않는 문제여서, 이를 수습하느라 정말 진땀을 뺐다. 나사는 국가 보안시설로 출입이 매우 엄격하기 때문에, 다시 정식으로 방문자 출입증을 신청한 후 부서의 승인을 받고서야 출입이 가능했다. 방문자는 나의 실수로 제시간에 입장할 수 없는 큰 불편을 겪어야 했다. 그리고 나는 어떻게 된 일인지 파악하기 위해 오피스까지 찾아온 상사를 만나야 했다. 상사를 마주하는 상황이 불안하고 두려워서 나는 또다시 '아무것도 하지 않는 편이 낫겠다. 그러면 실수도 없을 테니까' 하는 생각을 했다. 실수가 두려워 아무것도 하지 않는 것은 결코 생산적이거나 발전적이지 않다는 사실은 안다. 알면서도 실수는 늘 두렵다. 상사와 만난 후 한참을 자책하다가, 왜 실수를 했는지 다시 차근히 파악한 후 그르친 일을 바로잡으려고 노력했다.

일을 마무리짓고 상사에게 찾아갔다. "이번 실수는 정말 죄송해요. 하지만 앞으로 더 많은 실수를 할지도 모르겠어요. 왜냐면 더 많은 일을 시도하고 더 많은 사람과 일을 할 테니까요. 다만 제가 너무 빠르게 가면 천천히 가라고 지적해주고, 제가 실수를 하면 옆에서 도와주세요. 대신 그 과정에서 실수를 줄여가며 점점 빨리 배워나갈 거라는 점은 약속할게요"라고 말했더니, 상사는 웃으며 "그저 열심히 달려라. 아무것도 하지 않으면 실수는 없겠지만, 대신 한 발짝도 나아가지 못한다. 네가 실수를 했다는 것은 무엇인가를 열심히 하고 있다는 뜻이고, 네 실수를 옆에서 돕는 것이 내 역할이다"라고 말해주었다. 빨리 달리는 말은 그만큼 큰 저항을 받는다는 말과 함께.

열두 살 딸을 둔 한 동료는 "제 딸의 삶이 순탄하게만 가지 않게 하시고, 크고 작은 좌절을 주소서. 다만 청하고 바라옵건대, 그 좌절을 극복할 수 있는 지혜와 용기도 함께 주소서"라고 기도한다. 크고 작은 좌절을 받아들이되, 그 좌절의 시간 안에서 배우고 극복하는 지혜도 청하다니, 얼마나 멋진 기도인가.

열심히 사는 일은 실수를 많이 하는 일일지도 모른다. 최선을 다해 극복하고 배우며 조금씩 나아질 수밖에.

# 생각한 대로만 보고
# 그 이상을 보지 못하는 실수를 범하다

If you think you are seeing the Wizard of Oz,

you are seeing the Wizard of Oz!

"네가 오즈의 마법사를 보고 있으면, 너는 오즈의 마법사를 보고 있는 것이다."

어릴 때 읽은 『오즈의 마법사』의 내용은 회오리바람에 휩쓸려 오즈라는 마법 도시로 날아가게 된 도로시가 집으로 돌아가기 위해 마법사를 찾아 에메랄드시티로 떠나는 이야기이다. 마법사를 만나러 가는 길에, 도로시와 강아지 토토는 '두뇌 없는 허수아비' '심장 없는 양철나무꾼' '용기 없는 사자'를 만나고, 그들도 자신들의 소원인 '두뇌' '심장' '용기'를 마법사에게 부탁하기 위해 도로시와 함께 떠난다. 도로시와 친구들은 마법사가 모든 소원을 이루어줄 거라 믿었다. 우여곡절 끝에 마법사를 찾아갔지만, 강아지 토토가 우연히 마법사가 숨어 있는 커튼을 열어젖히고, 그

바람에 마법사가 힘없고 볼품없는 노인이라는 사실이 드러난다. 굉장한 능력자일 거라 믿은 마법사의 실체를 알아버린 도로시는 "알고 보니 아무것도 아니었네"라고 말한다.

이번주 연구 결과를 논의하는 미팅에서 동료인 랍이 '오즈의 마법사' 이야기를 꺼낸 덕에, 오즈의 마법사를 다시금 생각해보았다. 제목에서 말해주듯이 마법사가 이 책의 가장 중요한 인물일 수 있는데, 어렸을 때에는 도로시, 허수아비, 양철나무꾼, 사자, 그리고 토토에게 마음을 뺏겨서 마법사는 그다지 중요치 않게 생각했다. 랍은 오즈의 마법사를 예로 들어 사람들이 보고 싶은 것만 보고 이미지를 고정시켜버리는 폐단에 대해 설명했다. 수십 개의 실험 데이터 중에서 내가 보고 싶은 것만 보고 연구의 이미지를 고정시켜버린 나에게 무척 와닿는 예였다. 도로시 일행이 소원을 들어줄 거라 기대했던 마법사는 사실 그럴 능력이 없는 그냥 노인이었다. 우리는 커튼 뒤에 숨겨진 진짜 마법사의 모습을 보기 전까지는 커튼 뒤를 신경쓰지 않을 뿐 아니라, '상상한 것이 전부Image is Everything' 라고 믿는 실수를 범한다.

"네가 오즈의 마법사를 보고 있으면, 너는 오즈의 마법사를 보고 있는 것이다." 보는 것만 믿어버리는 실수를 할 때마다 오즈의 마법사에 나오는 '마법사'를 기억하자.

# 성장

# 아주 잘됐다!

I am so happy for you!

"생일 축하합니다. 생일 축하합니다."

우리는 일 년에 한 번 맞이하는 생일이면 어김없이 축하 인사를 주고받는다. 나사에서 일한 뒤부터 나는 생일이 아닌 날에도 많은 이들을 축하하고 축복해준다. 하루에도 몇 번씩 동료나 함께 일하는 학생들에게 아주 잘됐다는 말을 건넨다. 매일매일 생일을 맞이하듯 살고 있다.

함께 일하는 대학원생들은 너나없이 연구가 세상의 전부인 듯 산다. 그래서 연구에 대한 해답을 찾지 못하면 실연당한 사람처럼 침울해하고, 아주 작은 실마리라도 찾으면 얼굴에 금세 꽃이 피고 내 방으로 향하는 발걸음 소리부터 경쾌하다. 그럴 때면 나는 어김없이 "축하해"라고 말한다. 그러고는 내 방을 나가는 그들을 향해서 "I am so happy for you"라고 말한다. 의역하면 '그거 아주 잘됐다'는 의미이고, 직역하면 '당신 덕분에 행복하다'는 정도의 뜻이다. 네가 잘되니 내가 진심으로 기쁘다. 우리나라 속담에 '사촌이 땅을 사면 배가 아프다'는 말이 있는데, 그와 반대로 '사촌이 땅을 사니, 기쁜 마음으로 축하한다'가 되겠다.

'I am so happy for you'는 진심 어린 축하의 마음이다. 내가 남을 위해서 무언가 해준 것이 없더라도, 나와 전혀 관계가 없는 일일지라도, 남이 잘된다면 진심으로 축하해줄 수 있어야 한다. 축하는 돈 한푼 안 들이고도 내 안에 긍정의 싹을 틔우고 키울 수 있게 한다. 타인의 성공을 배 아파해봐야 타인의 성과가 없어지는 것도 아니고 내 위치가 바뀌는 것도 아니다. 오히려 나의 내면에 부정의 독버섯만 키우게 되고, 그것은 곧 나의 정신을 갉아먹을 것이다.

이 글을 읽는 독자들이 내 글에서 무엇인가 느끼고 배우는 것이 있다면, 그래서 실제로 도움이 된다면, 나는 진심으로 기쁘고 잘되었다 생각할 것이다. "I am so happy for you!"

기억하자. 우리의 삶에서 축하할 일은 생일뿐 아니라, 일상 도처에 수없이 널려 있다는 것을.

# 더 많이 궁금해하고, 더 많이 물어보자

Bring more questions!

마음에 드는 사람을 만나면 궁금한 것이 많아진다. 무엇을 좋아하는지, 어디에 사는지, 어떤 음식을 좋아하는지, 꿈은 무엇인지…… 상대방에 대해 더 알고 싶으니 자연스럽게 질문도 많이 생기는 것이다.

어려서부터 나는 '질문하는 사람–모르는 게 많은 사람–창피한 상황'이라는 연결고리 때문에 궁금한 것이 있어도 질문하기를 주저했다. 상대에 대해 알고 싶어도 직접 물어보지 못하고 둘러둘러 다른 사람을 통해 물어보곤 했다. 그러던 내가 나사에서 12년을 지내면서 질문하기를 즐기는 사람이 되었다. 궁금한 것이 생기면 당사자에게 직접 물어봐서 알아낸다.

직접 묻든 누굴 통해서 묻든 모두 원하는 것을 알아내는 과정이지만, 그 효과는 확연히 다르다. 내가 당사자에게 직접 질문을 하면, 상대방도 나에게 질문을 할 기회가 생긴다. 나에게 궁금한 것이 없어서 물어보지 않더라도, 질문하는 내 모습을 통해 나를 알아가게 된다. 하지만 다른 이를 통해서 알게 되면, 그건 이미 다른 이의 시선을 통해 본 모습이지, 내가 볼 수 있는 그 사람의 진정한 모습은 아닐지도 모른다. 필요한 정보만 다른 이를 통해 알아내는 것에는 결과만 있고, 서로 주고받는 대화의 과정은 없다. 대화의 과정은 상대방을 알아가는 데 매우 중요하다. 눈빛을 주고받으며 말투를 살피는 과정이 단순하게 정보만 얻는 것보다 더 중요하다. 궁금하면 직접 물어보아야 한다. 그리고 무엇보다 중요한 점은 상대방에게 적절한 질문을 해야 한다는 것이다.

나와 함께 일하는 사람들은 질문이 많다. 일을 처음 시작했을 때는 내가 진행하는 연구에 대한 질문이 너무 많아 '이 사람들이 나를 의심하나? 내 연구에 무슨 문제라도 있는 건가?' 하는 생각까지 했다. 하지만 시간이 지나자 이런 의구심은 사라졌다. 그들은 질문을 통해서 나를 알게 되고, 친해지고, 도울 방법을 찾으며, 내가 그들의 질문에 대답하는 과정에서 나 스스로 답을 찾아가도록 도와주고 있었다.

모든 답은 질문 안에 있고, 누가 얼마나 적절한 질문을 하느냐에 따라, 얼마나 많은 질문을 하느냐에 따라, 더 많은 정보와 지혜를 얻게 된다는 걸 배웠다. 그리고, 질문은 함께 잘해보자는 인사와 같은 것임을 배웠다.

# 오늘의 단어

Word of the day!

내 동료들은 이메일에 자신의 모토나, 좌우명, 혹은 좋은 글귀를 하나씩 붙이는 것을 즐긴다. 나는 언제부턴가 이메일을 볼 때면 그런 문구를 유심히 보게 되었다. 매일같이 이메일을 보내주는 보안 담당자의 이메일 모토는 특히 흥미로웠다.

내가 처음으로 그의 이메일에서 모토를 발견한 날에는 다음의 글이 있었다.

"Behavior is a function of both the person and the environment(행동은 사람과 환경의 결과이다)." _레빈Lewin

그리고 아래 순서대로 바뀌었다.

"Every truly great accomplishment is at first impossible(모든 진정한 성취는 처음에는 불가능한 것들이었다)."(2015년 5월 23일 바뀜)

"Failure is an event, an opportunity to learn(실패는 하나의 사건이자, 배움의 기회이다)."(2015년 10월 1일 바뀜)

"Wisdom is the flower grown from the seeds of past mistakes(지혜는 과거에 뿌린 실수의 씨앗에서 자라난 꽃이다)."(2015년 12월 1일 바뀜)

이렇게 관찰 아닌 관찰을 하다보면, 업무성 이메일의 딱딱한 문장들 뒤에 적힌 또다른 글귀를 통해 그들의 상황도 이해하고 어떤 사람인지도 대략 알게 된다. 가령 컴퓨터 엔지니어의 이메일에는 "Please don't print this e-mail unless you really need to(꼭 필요한 경우가 아니라면 이 이메일을 인쇄하지 마십시오)"라고 쓰여 있거나, 데이터 측정을 주기적으로 하는 연구원의 이메일에는 "From measurement comes understanding(실험 측정은 이해를 돕는다)"라고 쓰여 있는 식이다. 공동연구를 진행하는 교수의 이메일에는 "Do or do not, there is no try! _Yoda, Star Wars(하거나 말거나일 뿐, '해보는' 것은 없다. _〈스타워즈〉, 요다)"라고 적혀 있다.

딱딱한 이메일에 자신의 생각을 보여주는 이런 문장들을 넣어 나란 존재를 다양하게 보여줄 수 있다.

나는 무슨 글을 넣으면 좋을까? 아마도 이런 글귀가 아닐까?

"Less worry, prays more(걱정은 줄이고, 기도는 많이 하기)."

# 강의가
# 아닌 대화

Lecturing? vs Communication!

오늘도 나는 박사과정에 있는 학생을 '대화' 좀 하자고 불러서 '강의'를 하고 말았다. 학생이 맞닥뜨린 문제가 무엇인지, 어떻게 얼마나 고민하고 어떤 방식으로 풀고자 애썼는지, 학생의 말을 충분히 듣고 대화를 나누면서 학생 스스로가 해답을 찾아가게 만들어야 하는데, 학생이 풀지 못한 문제의 원인을 알고 있었기에 나 혼자 일방적으로 답을 설명해버린 것이다. 나는 대화를 한 것인가, 강의를 한 것인가.

위키피디아에 '대화'를 검색해보면 '둘 이상의 실체 사이에 오가는 상호적인 언어 소통'이라고 정의돼 있다. 대화는 소통이다. 소통은 주고받는 흐름으로, 막히지 않고 잘 통해서 서로 간의 오해를 줄이고 이해를 돕는 것이다. 소통이 잘되면 관계의 숨통이 트인다. 하지만 오늘 나는 대화가 아닌 일방적인 강의를 하는 결례를 범해버렸다.

대화를 잘하기 위해서는 어떻게 해야 할까? 말하는 것 이상으로 잘 들을 수 있어야 한다. 어릴 때부터 '귀는 두 개이고 입은 하나'라는 말을 많이 들어왔다. 말하는 것보다 두 배로 들어야 한다는 의미다. 상대방의 말에는 그 사람이 필요로 하는 모든 것이 담겨 있고, 내가 그것을 알아차려야 다음 말을 준비할 수 있다.

나와 함께 일하는 말린은 대화를 참 잘한다. 실험실이든 주차장이든 어디서 마주쳐도 늘 말할 준비가 되어 있다. 아주 평범한 인사로 웃으며 이야기를 시작하는데, 한참 이야기를 나누다보면 어느새 마음도 가벼워지고 기분도 상쾌해진다. 진중한 연구에 관한 주제도 이해하기 쉽게 말하고, 정치 얘기도 아주 유쾌하게 대화를 이끈다. 그 비법은 상대방의 말을 잘 들어주는 데 있다. 무엇보다 상대의 말을 끝까지 들은 후 자신의 말을 이어간다. 내가 듣고자 하는 것만 듣지 않고, 정말 필요한 건 상대가 하는 말 속에 있다는 사실을 말린은 이미 잘 알고 있는 것이다.

미국에서 5년간 함께 산 집주인 부부와 저녁식사를 한 적이 있다. 한창 식사를 하던 중에 부부는 "당신은 대화를 하는 게 아니라 강의를 하는구려" 하고 소소한 말다툼을 벌였다. 40년을 같이 산 부부도 일방적으로 '강의'를 하는데…… 대화가 어려운 건 너무나 당연하다.

대화는 말을 하는 것 외에도, 침묵하는 것, 듣는 것, 눈을 맞추는 것, 고개를 끄덕이는 것 등을 포함한다. 대화하기가 어렵다면, 일단 상대방의 눈빛을 바라보며 그가 하는 말을 들어주자. 듣는 것에서 대화가 시작된다.

# 박사학위의 의미

Meaning of a doctoral degree!

나사 연구원은 30% 정도가 박사학위 소지자이고, 나를 포함한 외국인 대부분은 박사학위를 가지고 있다. 아무래도, 외국인의 경우에는 전문분야 기술이 있는 고학력자일수록 나사에 들어올 수 있는 기회가 많지 않을까 생각한다. 나사에 들어오는 데 있어서 박사학위가 도움을 주는 것은 사실이지만, 여기에서 일을 하면서 느낀 건 박사학위가 대단한 자격증은 아니라는 사실이다. 나와 함께 일하는 동료들은 박사라는 타이틀에 연연하기보다는 박사과정을 겪어내고 학위를 취득했다는 사실을 높이 사준다. 그들 덕분에 나는 석박사 학위는 학위 자체보다는 학위를 얻기 위한 과정에 더 의미가 있다는 사실을 깨달았다.

석사 혹은 박사 학위를 얻기 위한 과정에서 우리는 우선 스스로 시간을 관리하고 조절하는 능력을 배우게 된다. 그뒤 연구 주제가 정해지면, 계획을 세우고, 관련 주제를 먼저 시작한 다른 연구자들의 연구를 조사하고, 조사한 내용을 내 연구에 응용 및 적용해서 실험을 진행한 뒤, 결과를 분석하고 오류를 찾아낸다. 그리고 그 결과를 토대로 연구 방향을 재정비하기도 하고 새로운 아이디어를 떠올리기도 한다. 학회나 미팅에서 연구 중간 결과를 발표함으로써, 내 연구를 공유하는 동시에 다른 연구자들에게서 연구에 관한 조언을 듣고, 그 결과를 논문으로 발표하기도 한다.

이러한 일련의 과정을 통해서 우리는 함께 일하는 것을 배우게 되고, 이는 훗날 사회에 나온 후에도 어떠한 주제의 일이 주어지든 해결할 수 있는 기반이 되어준다.

석박사 과정에서 연구했던 주제가 평생 내 연구 주제가 된다면 좋겠지만 현실은 그렇지가 않다. 나 역시 나사에서 3년 주기로 새롭고 다양한 연구에 참여하고 있다. 생소한 연구를 시작할 때면, 석박사 과정 때 익힌 훈련 과정을 적용해서 연구 계획을 세우고 문제를 해결해나간다. 학위 자체가 중요한 것이 아니다. 무엇보다 중요한 것은 주어진 연구를 계획 단계부터 끝까지 해낼 수 있었던 경험을 토대로, 새롭게 주어진 연구 또한 끝까지 해내는 것이다.

# 겸손하자

Be humble!

'겸손하다'는 것은 결코 맹목적으로 한없이 낮아지는 것이 아니다. 하지만 겸손한 사람은 스스로 낮아지기를 두려워하지 않는다. 겸손의 시작은 스스로를 인정하는 것이다.

1. 자신을 있는 그대로 인정하게 되면,
2. 자신의 한계가 보이고,
3. 자신의 한계 안에서 현재 자신의 모습을 보게 되면,
4. 스스로가 얼마나 축복받은 삶을 사는지 알게 된다.
5. 이러한 순환구조 안에 지내다보면, 매 순간 감사하는 마음이 생기게 되고,
6. 결국 저절로 행복해진다.

겸손은 교만하지 않고 스스로를 낮추는 일이다. 그러면 행복해진다.

워싱턴 D.C.에 있는 나사 본부에는 큰 프로그램의 리더 역할을 하는 한국인 박사•가 있다. 높은 자리에 있는 분이기에 나사 정책발표회에 가면 멀찌감치에서 뵙거나, 종종 미팅에서 그분의 성함을 들을 수 있다('아무개 씨가 이런 정책을 이야기했듯이'와 같은 문장으로). 그분을 만나본 사람들은 모두 한목소리로 "그 자리에 있는 사람 같지 않게 참으로 겸손하다"고 한다. 2019년, 박사님이 나사를 은퇴하시기 직전에 내가 근무하는 랭글리리서치센터에 방문하셨다. 센터에 오신다는 소식을 듣고, 미리 박사님께 이메일을 드려서, 박사님을 만나뵙고 인사도 드리고 저서 『이노베이션 코리아 어떻게 이룰 것인가?』(휘즈북스, 2017년)에 사인을 받고 싶다고 부탁드렸다. 연이은 미팅으로 바쁘신 와중에 복도 소파에 앉아 계신 동안 인사를 나눌 수 있었는데, 나와의 작은 약속도 잊지 않고 기억해주시고, 책에 몇 줄의 응원글까지 써주시는 박사님 모습에 감동했던 기억이 있다. 이런 분도 교만하지 않고 스스로를 낮추는데, 나란 사람은 기본적으로 겸손하지 않을 이유가 없다. 내가 가진 모든 것이 결코 내가 잘나서 내 힘으로 이룬 것이

• 신재원 박사. 2008년 동양인 최초로 항공연구와 기술개발을 관리하는 NASA 최고위직인 항공연구총괄본부장을 맡았다. 현재는 현대차그룹의 도심 항공 모빌리티 핵심기술 개발과 사업추진을 전담하는 UAM(Urban Air Mobility) 사업부 부사장으로 있다.

아니라 축복의 연속이었기 때문이다.

오늘 하루도 나에게 주어진 것을 겸손히 받아들이며 감사하는 마음을 가져본다. 낮아지는 것을 두려워 말자.

## 필요한
## 사람이 되자

•
•
•

Be necessary people!

가끔 '나는 필요한 사람인가?'라고 스스로에게 질문을 하곤 한다. 세상의 일원으로, 나를 필요로 하는 자리에 쓰이기를 원하지만, 정작 내가 하는 행동은 '쓰임받기'보다는 '대접받고' 싶어하는 건 아닌지 돌아본다.

예전에 나 자신에게 했던 질문은 '내가 남을 위해서 무엇을 했는가'보다는 '남이 혹은 내가 나를 위해서 지금껏 무엇을 했는가'였다. 질문의 중심이 온전히 나에게 맞춰져 있었다. 생각의 중심이 나를 포함한 외부로 바뀐 것은 나사에서 일을 하면서부터다.

동료들은 연구센터에 꼭 필요한 능력과 실력의 소유자들이다. 그러한 이유로 '내가 과연 이곳에, 이 팀에 필요한 사람인가' 하고 끊임없이 묻고, 팀의 철학을 이해하는 것과 동시에, 팀에서 오랜 시간 일해온 동료들을 관찰하며 그들의 태도를 배울 필요가 있다.

내 눈에 아주 일을 잘하는 것으로 보이는 동료가 있었다. 상사가 한 마디를 하면 그 안에 담긴 열 마디를 이해했고, 성과도 좋았다. 그만큼 어떤 일이든 깔끔하게 잘해내는 친구였다. 그런데 어느 날 그 친구는 속된 말로 '잘렸다'. 상사에게 그 이유를 물었더니, "일 잘하는 사람도 필요하지만, 혼자 잘하는 사람보다 다같이 일을 잘하는 사람이 필요하다"라는 대답이 돌아왔다. 그 친구는 혼자 일을 잘하는 연구자였지, 팀원과 함께 보폭을 맞추어 일하면서 공동의 목표를 이룰 수 있는 사람은 아니었다고 판단한 것이다.

즉, 개인기가 아무리 훌륭하다 해도, 팀워크를 해치면 팀 분위기도 망치고 성과도 제대로 내기 어렵다. 결국 팀을 이끌어가야 하는 팀장의 입장에서는 맞지 않는 팀원이었던 것이다.

원하는 곳에서 오래 일하고 싶다면 스스로가 먼저 팀과 기관에 필요한 사람이 되고자 노력하자. 또한 내가 지원한 곳에서 나를 필요로 하지 않는다면, 내가 그곳에 필요한 역할이 아닐 뿐이니 '내 실력이 부족해서다'라고 자책하지도 말자.

# 잠시만 기다려주시겠어요?

May I be back to you in a moment!

문화, 성격, 일하는 방식이 서로 다른 다양한 사람들과 함께 일을 하다보면, 크고 작은 논쟁들이 일어나기 마련이다. 물론 건설적이고 발전적인 토론이지만, 이런 논쟁중에 서로 감정이 상하는 일이 생겨나곤 한다. 그렇게 되면 더이상 평온한 분위기에서 대화가 이뤄지지 못하고, 합의를 도출하기 어려운 상황이 되어버린다. 그렇다고 아이처럼 "우리 그만 이야기해" 혹은 "더이상 이야기하고 싶지 않아"라고 할 수는 없다.

내가 아는 연구원 중에 이런 상황을 늘 현명하게 대처하는 이가 있다. 언젠가 그에게 "어떻게 하면 언제나 평온한 상태에서 대화를 나누고 결정할 수 있느냐?"고 물은 적이 있다. 되돌아온 답은 "평온한 상태를 유지할 수 없다면, 평온한 상태를 만들어라"

였다. 분위기나 상대방의 기분에 따라가지 않도록 주의하고, 마음속에 결정을 주저하게 하는 걸림돌이 있다면 일단 시간을 벌어 생각을 정리한 뒤 다시 이야기를 이어가라는 것이다.

"잠시만 기다려주시겠어요?" 하고 동의를 구한 다음 충분히 생각하고 이야기를 이어가면 된다. 만약 그만큼의 시간도 못 기다려주는 사람이라면, 함께 일할 만한 사람이 아니라고 생각하라는 것이다.

뛰어난 인격을 가진 사람은 침묵과 대범함을 적시에 잘 활용할 줄 알면서 합리적인 사고를 하는 사람일 것이다. 무언가에 쫓기듯 이야기하고 결정해야 한다면, 차라리 침묵하는 것이 낫다.

오늘 10분만 침묵해보자. "잠시만 시간을 주세요, 곧 다시 돌아올게요" 혹은 "10분 뒤에 다시 이야기해요!"라고 말하면 된다. 싸움이 평정되고 웃음을 되찾는 것은 내 한마디에 달려 있다.

# 다르다는 것은 틀린 것이 아니다

Different isn't wrong!

"다르다는 것은 틀린 것이 아니다"라는 말은 다들 많이 들어봤을 것이다.

나는 이곳에서 일하는 동안 다르다는 것이 좋을 수도 있다는 경험을 하면서, '다르다는 것이 틀린 것은 아니다'라는 생각이 더욱 확고해졌고, 그 의미를 일과 관련지어서 되새겨보게 되었다.

나사에서 진행하는 여름 인턴 프로그램에 참여하는 학생들은 정말 멋진 친구들이다. 그들 나이 때의 나를 생각해보면, 그들은 더욱 빛나고 향기롭다. 예상했던 연구 결과가 나오면 "아주 멋진 데이터가 나왔다"고 신이 난 표정으로 내 연구실로 달려온다. 그런데 간혹 예상과 다른 데이터가 나오면 그토록 빛나던 아이들의 얼굴이 회색빛이 되고 말하기를 주저한다.

그중 맷이라는 학생은 조금 달랐다. 그는 다르게 나온 데이터에 더 관심을 두었고, 끊임없이 자신이나 나에게 "왜Why"라고 질문을 던졌다. 맷은 "실험 결과가 예상한 거랑 다르다"는 말도 스스럼없이 했고, 나는 "그래? 뭐가 다른데. 한번 보자" 하고 신이 나서 관심을 표현하게 되었다. 맷과의 대화는 늘 흥미롭게 이어졌다.

'예상한 대로 나온 결과'에 대해서는 더이상 이야기를 나눌 필요 없이 다음 일을 진행하면 되지만, 예상한 대로 나오지 않은 결과는 "왜 이런 결과가 나온 거지?"라는 질문을 이끌어내고 많은 이야깃거리가 생겨났다. 그후 우리는 연구 방향을 새로 정비하기도 하고, 아예 새로운 연구를 진행하기도 했다. 그 결과, '예상한 대로' 가는 것보다 훨씬 다양하고 멋진 연구 성과를 낼 수 있었다.

"다름을 이해해야 한다. 다른 것은 틀린 것이 아니라, 다른 것일 뿐이다." 학생들이 언제나 빛내며 연구 이야기를 하기를 소망한다. 나에게 있어서, 다른 것은 틀린 것이 아닐 뿐만 아니라, 꽤나 좋은 것이었다.

# 영감을 얻기 위해서는 마음가짐과 주위 환경이 중요하다

Inspiration – The mind set and environment!

지난주 내내 과제 제안서를 준비하느라 바빴다. 나사에서는 1년에 한 번씩 내부 과제 제안서를 공모하는데, 이 기간에 나는 기분 좋은 스트레스를 받는다. 기분이 좋다는 건 새로운 아이디어를 생각해내기 때문이고, 스트레스라는 건 아이디어가 실현되게 연구화하고 과제 제안서를 구체화하는 일은 많은 에너지를 필요로 하기 때문이다.

과제 제안서를 통해 제시하는 아이디어는 나사의 임무와 관련된 어떤 주제든 괜찮지만, 물리적으로 오류가 없고 실제로 구현이 가능하며 본인이 연구를 진행할 수 있는 능력이 되어야 한다. 나로서는 가보지 못한 우주를 연상해 창의적인 아이디어를 단번에 내는 것은 불가능에 가까운 일이다. 과제 제안서는 큰 영감이 필요한 일인 것과 동시에 마음가짐과 환경이 얼마나 중요한지를 다시금 느끼게 해주는 과정이다.

언젠가 함께 과제 제안서를 쓰던 동료가 해준 말이 있다.

> "네가 만일 새를 날게 하고 싶다면, 새를 상자에 넣지 마라. 어쩔 수 없이 상자 안에 들어가 있는 새를 날게 해야 한다면, 새를 큰 상자에 옮겨 담고 한 시간 동안 기다렸다가, 새에게 '이제 날아갈 시간이야'라고 말하며 상자를 열어라. 그러면 새는 드넓은 하늘로 날아간다. 영감을 얻는 일도 이와 같다. 즉 세상 밖으로 날아오르기 전에 큰 상자에 옮겨서 문을 열어주는 환경은 세상 밖으로 날아오를 마음의 준비를 하게 해준다If you want a bird to fly, you do not put it into a box, however big the box, give it an hour and tell it that's flight time. Birds fly out in the big open sky. Inspiration is much the same thing. The mind set and environment that you bring to the task is as important as anything else."

'진짜' 아이디어는 흐뭇한 미소를 짓게 하고, 심지어 세상을 변하게도 한다. 작은 상자 안에 가둬둔 아이디어는, 상자를 열지 않으면 상자 안에 영원히 머무르다 소멸되고 만다. 책상 앞에 몇 분 앉아 있는다고 해서 가치 있거나 효과적인 아이디어가 떠오르지는 않는다. 내가 읽은 다양한 글 속에서, 많은 사람과의 대화에서, 아이디어는 얻어진다. 새로운 골목길로 들어서는 것처럼 무심코

행하는 무수한 일상에서 영감을 얻고, 어떤 아이디어든 받아들일 마음가짐이 필요하다.

잠시 '일'을 내려놓고 쉬면서 '생각'이 흐르는 대로 그냥 두자. 세상을 바꿀 만한 새로운 아이디어가 곁에 다가올지 모른다. 스스로에게 쉬는 시간을 줌으로써 영감을 얻을 수 있는 환경을 제공하고, 생각나는 대로 아이디어를 받아들이고 환영하는 마음을 가져보자. 그런 의미에서, 영감을 얻는 일은 '쉼' 같은 것이다. 신나고 자연스럽게 마음에서 우러나고, 편안하고 행복하며 지치지 않고 꾸준한 것이다.

아이디어가 들어올 마음을 열어주고, 놀이터를 제공해보자.

# 설거지 방법

Ways to wash dishes!

살면서 몇 번이나 설거지하는 순서에 대해 생각해보았을까? 내가 '설거지하는 순서'에 대해 처음 들은 것은 대학교 때였다. MT에서 여럿이 모여 설거지를 하는 중에, 동기생이 "설거지하는 순서를 아느냐?"고 물었다. 자신만이 알고 있는 비법이라도 있는 듯이 묻기에 "모르겠다"고 말했더니, "설거지는 깨끗한 것부터 해야한다"는 답이 돌아왔다. 그래야 수세미를 처음부터 더럽히지 않기 때문에 마지막 더러운 그릇까지 깨끗하게 씻을 수 있다는 것이다.

그리고 똑같은 질문을 나사에서 일하면서 다시 듣게 되었다. 어느 날 점심을 먹고 나서 도시락통을 씻던 동료가 "설거지는 어떻게 하는지 아느냐?"고 내게 물었다. 그의 비법이 듣고 싶어서

“모르겠다”고 했더니, 이번에는 “설거지는 바로 해야 한다”는 답이 돌아왔다. 그래야 그릇 위 아래가 아닌 위만 닦아도 되니 그만큼의 수고를 덜 수 있단다. 쌓아두면 그릇이 포개지면서 위아래를 모두 닦아야 하는 수고가 생긴다고 말이다.

너무나 멋진 설명들 아닌가? 이후 설거지를 하면서 나만의 비법을 생각해보았는데, 나의 설거지는 둘의 방식과는 사뭇 달랐다. 나는 먼저 싱크대를 뽀득뽀득 소리나게 닦는다. 그래야 닦은 그릇을 온전히 헹구기까지 놓아두어도 더러워지지 않으니까. 설거지 하나에도 이처럼 순서가 존재한다.

다만 나의 설거지 방식은 ‘너’가 아닌 ‘나’에게 집중되는 것이다. ‘내’가 깨끗하면 조금 더러운 ‘네’가 와도 얼마든지 깨끗하게 할 수 있다. 싱크대인 내가 깨끗해야, 깨끗하게 씻은 그릇을 놓아도 다시 더러워질 염려 없이 온전한 설거지를 할 수 있는 것이다. 다만 싱크대를 먼저 씻는 일은 시간이 조금 더 걸리고 수고가 더 들 뿐이다.

이처럼 설거지 하나에도 자신만의 방식, 순서, 그리고 다양성이 존재한다. 다른 이들의 방식에서 배울 점은 자신의 것으로 받아들여서 스스로의 순서를 만들어가는 것도 좋겠다.

당신이 설거지하는 순서는 어떠한가?

# 나는 당신을 믿어요

I believe in you!

이전 부서의 상사가 나에게 이런 말을 해준 적이 있다.

"이제 혼자 뛰는 거는 잘하니까 보폭 맞추어서 같이 뛰는 것만 잘하면 되겠네."

칭찬에 인색한 상사에게 이런 말을 들으니 다른 말들은 공기로 사라져버리고 "잘한다"는 말만 뇌리에 꽂혔다. 그러고는 "나는 잘하는 사람이구나" 하는 자만감에 젖어, 같이 일하는 것이 무엇인지 어떻게 해야 하는 것인지는 별생각 없이 지냈다.

2016년 다른 팀으로 옮긴 뒤 A 프로젝트의 리더와 B 프로젝트의 재료팀장을 동시에 맡게 되었고, 같이 일한다는 것이 무엇인지 절실히 배워야 했다. 함께 일하면서도 나는 하루에 백 가지 실수를 하고, 다음날은 백 가지 실수를 수습하고 또다시 백 가지 실수를 했다. 주어진 일을 잘해내고 싶다는 조급한 마음에 팀원들에게는 해야 할 것만 대충 알려주고, 알아서 잘하겠거니 하고 많은 기대를 했다. 그런데 많은 사람과 함께 일을 하는데도, 일은 줄지 않고 성과는 떨어지는 결과가 나왔다. 그제야 몇 년 전 상사의 말이 떠올랐다. '같이 뛰는 것.'

'함께' 일하기 위해서 내가 처음 한 일은 '경청'이었다. 말없이 한참을 듣고서야, 내가 듣지 않고 말만 했었다는 것을, 대화가 필요하다는 것을 깨달았다.

그때부터 나는 치열하게 상대방의 말에 귀를 기울였고, 그제서야 팀원들이 얼마나 멋진 생각과 연구 계획을 가지고 있는지 알았다. 경청을 통해, 그들 나름의 계획이 옳다는 것을 깨닫고 자연스럽게 "당신을 믿어요I believe in you"라는 말을 하기 시작했다. 팀원들은 해당 업무의 전문가이고 오히려 내가 배울 것이 많으니, 나는 그저 "당신을 믿고, 당신의 일을 신뢰합니다"라고 말하면 될 일이었다. 그 믿음과 신뢰 안에서, 팀원들은 굉장히 멋진 일을 함께 해나가고 있다.

지난 4년, 함께 뛰기 위해서 더 달리 행동한 것도 없다. 서로 다른 크기의 톱니바퀴가 맞을 때까지 상대방의 소리에 귀를 기울였을 뿐이다. 그리고 믿고 또 믿었다. 지금 그들은 나에게 최고의 팀원이다. 프로젝트 가족이고 서로가 서로의 편이다. 언제나 그들을 더 믿어주고, 더 높이고 싶다는 마음이 가득하다.

"나는 당신을 믿어요I believe in you!"

# 아주 작은 것이라도 매일 하자

Doing something every day!

일을 하다보면 서둘러 인정받고 싶어서 마음이 급해진다. 그리고 저명한 학술지에 연구 성과를 게재한 연구자를 만나면, 나 역시 그들처럼 성장하고 싶은 마음에 조급함은 배가된다.

얼마 전 유명한 작가의 초청 강연이 있었다. 강연장에 가기 전, 작가의 책을 하나 골라서 읽어보았다. 역시나, '유명한'이라는 수식어가 부끄럽지 않게 매우 깔끔하고 흥미로운 글을 자신만의 색으로 쓰는 작가였다. 책을 읽으면서, '이렇게 멋진 글을 쓰려면 재능을 타고 나야 하겠지'라는 생각이 들었다. 나는 그가 타고난 작가일 거라고 생각했다.

그런데 작가는 이렇게 말했다.

"글을 쓰기까지 매일 책을 읽고, 새로운 사람들과 만나서 이야기를 나누고, 영화를 보고, 그런 긴 시간을 보낸 다음에야 책상에 앉아 겨우 글을 쓸 수 있었습니다."

내 눈에는 멋진 작품을 쓴 작가와 작품만 보였지, 작가가 그 글을 쓰기까지 매일같이 사색하고, 사람들과 대화 나누며 이야깃거리를 마주하는 것은 생략되어 보이지 않았다.

어떤 분야에서 멋진 결과를 내고 인정을 받고자 한다면, 아주 작은 것이라도 습관을 들여 매일 하도록 하자. 단번에 이루어지는 일은 단번에 사라져버리기 쉽다. 가랑비에 옷이 젖듯, 잔잔한 것들이 모여 큰 결과를 만들어낸다. 점이 모여 선이 되듯이.

# 도움을 청하자

Ask for help!

어려서부터 부모님은 "마음을 열고 도움을 청해라"라는 말을 자주 해주셨다. 하지만 나는 거절당하는 것이 두렵고 남들에게 민폐를 끼치는 것 같아서 늘 문 앞에서 머뭇거리다가 돌아오기를 반복했다. 이제야 나는 부모님의 말씀처럼 문을 두드려야 부족한 나를 세상이 도와줄 수 있다는 것을 배워가고 있다. 도움을 청하기 위해서는 투명한 물처럼 감정까지 솔직해져야 한다는 것을.

나는 오른쪽 귀가 들리지 않는다. 원인은 모르지만, 구조적으로는 문제가 없다. 보청기를 시도하기에는 너무 이른 나이 아니냐는 말을 들으며 오늘날까지 잘 지내왔다. 어려서는 음악 시간에 합창을 할 때마다 내 목소리가 튄다며 잡아내셨던 선생님과, 청력에 문제가 있으면 대학교도 가지 못하고 직장도 구하지 못할 거라는 선배의 말이 세상 전부인 줄 알고 좌절하던 때도 있었다.

하지만 어느 순간 그런 근심과 두려움은 희망으로 바뀌었다. 아무리 시끄러운 공간에서도 왼손을 들어 귀에 가져다 대면, 세상의 모든 소리를 단절하고도 오른손은 자유롭게 쓸 수 있고, 한쪽이 고장난 이어폰도 나는 문제없이 쓸 수 있다. 무엇보다 세상의 험한 소리를 절반은 덜어낼 수 있어 감사했다. 하느님은 소리에 민감한 나에게 덜 듣고 덜 아파하라고 한쪽 귀만 주셨구나 하고 생각하며 살고 있다.

'귀' 이야기만 나오면 울음부터 터지던 내가, 마음을 열고 타인에게 솔직해지기로 마음먹은 뒤 가장 먼저 한 일은 부탁하기였다.

"내가 오른쪽 귀가 잘 들리지 않는데, 귓속말은 하지 말아 줄래요?"

"내가 당신의 오른편에 앉으면, 당신의 말을 잘 알아듣고 대화할 수 있을 것 같은데, 그래도 될까요?"

내가 그렇게 부탁하면 그 누구도 "싫다"고 하지 않고 나의 불편을 이해해주었다. 솔직하면 나 스스로에게 당당해지고, 상대는 나를 돕거나 배려할 수 있게 된다.

세상의 모든 소리를 다 들을 필요는 없다. 꼭 필요한 것만 듣고, 솔직하게 사는 것만으로도 행복하지 않을까? 한쪽 귀가 들리지 않아 직장도 구하지 못할 거라던 선배 말이 틀렸다는 것을, 나는 지금 이곳에서 증명하고 있지 않은가?

"솔직하게 마음을 열고 도움을 청하면, 세상이 밝아지고, 세상은 너의 친구가 될 것이며, 세상이 너를 도울 것이다." 세상에서 가장 멋진 부모님의 명언이다.

# 모든 일에 대해 준비하세요

Get yourself ready!

준비돼 있는 사람만이 예고 없이 찾아온 기회를 잡을 수 있다는 말은 많이 들어봤지만, 얼마만큼 준비하고 어떻게 준비해야 하는지 가끔 막연하다는 생각이 들기도 한다.

나사에서 근무하면서, 이곳에서 일하는 것이 꿈인 학생들을 많이 만났다. 그중에는 꿈을 이루기 위해 준비하고 있는 학생들도 있었고, 그저 꿈만 꾸고 있는 듯 보이는 학생들도 있었다. 그러면 나는 어떻게 '준비하고 있는' 학생들을 알아볼 수 있었을까? 그리고 어떻게 하는 것이 준비하는 것일까?

1. 우선은 '깨어 있어야' 한다. 도둑은 자신이 오는 시간을 알리지 않고, 소리 없이 찾아온다. 도둑이 들었는지도 모르고 잠자고 있으면, 가지

고 있던 모든 것을 잃어버린다. 기회도 도둑처럼 소리 소문 없이 찾아온다. '잠자고 있는' 사이에 우리는 무슨 기회가 왔는지조차 모르고 지나칠지도 모른다. '깨어 있어야'만 무슨 일이 일어나는지, 어떠한 기회가 기다리는지 깨닫고 알 수 있다.

2. 나에게 주어진 매일매일을 멋지게 사는 것이다. 인생은 흘려보내는 것이 아니라 쌓아가는 것이라는 말도 있지 않은가. 그 하루하루가 쌓여서 나란 사람을 만든다. 그러니 매일의 하루를 멋지게 살다보면, 그 안에서 좋은 성과가 나오고, 지식도 지혜도 얻게 된다. 그것이 기회가 올 때까지 나를 준비하는 과정이다.
3. 마지막으로 기회가 왔을 때, 적극적으로 이를 이끌어가는 것이다. 아무리 깨어 있어도, 나에게 주어진 기회를 알아차렸어도, 내가 행동하지 않으면 아무 일도 일어나지 않는다. 적극적으로 내 것으로 만들려는 행동이 있어야만 내 것이 될 수 있다. 기회는 왔다가 사라진다. 그러니 행동하는 사람만이 기회를 내 것으로 잡을 수 있다.

이번 가을학기에는 대학원생들을 위한 멘토링 프로그램을 진행하려고, 나사 인턴십 채용 시스템에 공고문을 올렸다. 접수 기한을 3일 앞두고 촉박하게 공고문을 내다보니, 신청 기간을 조금 연장해달라는 문의가 오기도 했다. 사흘이라는 시간 내에 자기소개서와 성적증명서, 추천서 등을 준비하기에는 시간이 부족할 수 있다. 하지만 그 짧은 기간에도 모든 서류를 접수하는 학생들이 있다. 모두에게 공평한 기회가 주어져야 하기에 접수 기간을 연장해줄 수는 없다고 공지했지만, 어쩌면 나 역시 준비된 학생들과 일을 하고 싶은 마음이 더 큰 것인지도 모른다.

시간은 모두에게 공평하다. 하지만 준비를 해서 행동으로 옮기는 사람과 그렇지 못한 사람 사이에서의 기회는 불공평하다.

오늘도 내일을 위해서 준비하자. 그리고 행동하자.

# 언제나 긴밀한 대화를 유지하기

Keep the communication all the time!

대인관계에서 대화가 중요하다는 점은 누구나 안다. 소통이 원활하지 않을 경우 오해와 다툼이 생기고, 심지어는 사이가 멀어지거나 절교까지 하게 된다. 이 무시무시한 단어들을 통해서, 우리에게 대화가 얼마나 중요한지 요즘 들어 더 절실하게 알아가고 있다. 대화는 어떻게 해야 하는 것일까?

2년 전, 우주 현미경을 연구하는 대규모팀에 합류했다. 큰 집단이 유기적으로 돌아가면서 과제를 성공시키기 위해서는 대화가 얼마나 중요한 역할을 하는지, 새로운 팀에 합류하면서 새삼 깨닫게 되었다. 그리고 어떻게 하는 것이 진정한 대화인지 진지하게 생각해볼 수 있었다.

내가 생각하는 대화의 목적은 우선적으로 아래와 같다.

1. 인간관계를 연결시켜준다. 가령 내가 얼마나 상대를 생각하고 신경쓰고 있는지를 대화를 통해 표현함으로써 관계를 유지하고 만들어갈 수 있다.
2. 서로가 가지고 있는 정보를 주고받는 중요한 과정이다. 특히 일하는 데 있어 정보의 공유를 통해 모든 이가 같은 정보 안에서 일하는 것은 무척 중요하다.
3. 자기 스스로의 생각을 정리하는 데도 쓰인다. 대화를 통해 내 생각을 말하는 사이 나도 모르게 내용이 정리된다거나 상대의 말에서 내 생각의 방향과 내용을 돌아볼 수도 있다.

이런 맥락에서, 대화는 말로 하는 것 외에도 행동이나 몸짓, 표정까지 포함한다. 심지어는 말을 하지 않고 침묵하는 시간도 대화에 포함된다.

몇 해 전, 나사에서 함께 일하던 친구가 고국에 직장을 잡고 미국을 떠나는 날이었다. 그 친구를 40분 거리의 공항까지 데려다주면서, 우리는 아무 말도 하지 않았다. 구태여 내가 얼마나 많이 고마워하는지, 그리워할 건지, 그리고 앞으로의 멋진 출발을 내가 얼마나 축하하고 응원하는지 말로 하지 않아도, 우리는 40분간의 침묵 속에서 모든 말을 다 하고 있었다. 공항에서 "즐거운 대화였어"라고 인사를 나눴던 기억이 난다.

친구가 소셜미디어에 올린 글이 생각난다. "존중은 남의 말을 듣는 것이고, 진심은 핑계를 대지 않는 것이다."

남의 말을 듣고, 필요하지 않은 말은 침묵하고, 꼭 필요한 말은 하고. 그렇게 시작해보자!

# 꿈이 실현되면, 그다음에는 새로운 꿈을 꾸어라

What do I do when dreams become routines?!

2018년 여름, 나사에서 일하는 것이 꿈이었고 지금은 그 꿈 안에서 사는 친구를 만났다. 그 친구의 이야기이다.

정확히 4개월 전, 내 꿈은 어떤 회사가 되었든 항공이나 우주를 연구하는 곳에서 여름방학 동안 인턴 생활을 하는 것이었다. 나사에서 인턴 생활을 하는 것은 터무니없고far-fetched 공상dim fantasy과 같은 것이라 꿈조차 꾸지 못했다. 2018년 여름까지 나는 지난 5년 반 동안, 기계공학, 의료, 항공우주 분야 등 거의 모든 곳에 인턴 서류를 접수했다. 하지만 연락이 온 곳은 아무데도 없었다. 나는 스스로에게 실망하고 좌절했다. 하지만 다행히도 인생을 바꿀 만한 전화를 받았다. 나는 아직도 그 멋진 날, 인턴 프로그램 매니

저의 목소리를 잊을 수가 없다. "축하합니다. 이번 여름 나사 랭글리인턴십프로그램 참가자로 선정되었습니다Congratulations, you've been accepted to the NASA Langley's summer internship program." 전화를 받고 내가 처음으로 한 말은 "이거 장난전화인가요Is this a prank call?"였다. 그 전화 이후 나는 매일 나사 랭글리센터에 출근하고, 멋진 친구들을 만나고, 새로운 연구를 시작하고, 책에서나 만날 수 있었던 사람들을 눈앞에서 보며 강의를 듣는다. 내 2018년 여름은, 꿈 안에서 사는 꿈같은 여름이었다.

'꿈속'에서 살던 학생을 처음 만났을 때, 나는 두 가지 질문을 했다.

첫째, 꿈이 일상이 되면, 그때는 어떻게 해야 하죠?

오랜 고민 끝에 우리가 찾은 대답은 "꿈 안에서 살면서, 새로운 꿈을 꾸어야 하지 않을까?"이다.

둘째, 꿈이 현실이 되기 위해서는 어떻게 해야 하죠?

꿈이 현실이 되고, 꿈 안에서 살아가기 위해서 가장 중요한 것은 '행동'을 해야 한다는 것이다. 꿈을 꾸기만 하고 아무것도 하지 않으면 아무 일도 일어나지 않는다. 이 학생의 경우 꿈이 현실이 되기까지 5년 반 동안 끊임없이 인턴 프로그램 원서를 접수하는 '행동'을 했고, 그 행동이 꿈을 현실로 만드는 길이 된 것이다.

요즘 나는, 나사에 와보는 것이 꿈인, 나사에서 연구하는 것이 꿈인, 나사에서 우주용 에너지를 연구하는 것인 꿈인, 나사에서 화성 탐사 로봇 연구를 하는 것이 꿈인 한국 학생들을 자주 만나게 된다.

그들의 꿈은 예전에 내가 꾸었던 꿈보다 훨씬 구체적이고, 꿈마다 빛이 난다. 언젠가 그들이 꿈 안에서 살면서, 새로운 꿈을 꾸기를 응원한다. 그들을 위해서 내가 할 수 있는 유일한 일은, 내 꿈 안에서 하루하루를 열심히 사는 것일 테다.

꿈을 꾸길. 그리고 꿈이 현실이 될 때까지 행동하길! 미국물 한번 먹어보지 못했던 이 시골 사람도 나사에서 일하고 있지 않은가?

# 가르치면서 배우기

Learning by teaching!

나사에서 과제 제안서를 작성할 때에는 지켜야 하는 규칙이 있다. 그중 하나가 전문용어jargon를 사용하지 말고, 여섯 살 아이도 이해할 수 있을 만큼 쉽게 설명하라는 것이다. 이 조건은, 아인슈타인의 말을 떠올리게 한다. “당신이 안다고 생각하는 것을 여섯 살 아이에게 설명해줄 수 없다면, 당신은 그것을 완전히 이해하지 못하는 것이다If you can't explain it to a six year old, you don't understand it yourself.”

언젠가 이틀에 걸친 항공 관련 강의를 듣고 나서였다. 나는 잘 이해했다고 생각했는데, 동료가 “수업 어땠어? 뭐 배웠어?” 하고 물어보는 말에 “아주 좋았어. 다양한 걸 배웠지”라고 답하면서 왠지 찝찝했다. 강사에게 들은 내용을 앵무새처럼 말해주었는데

'과연 내가 수업을 잘 이해한 것이 맞을까' 하는 의문이 들었기 때문이다.

강사가 한 말을 '기억'해서 '전달'하는 것을 잘한 것이지, 결코 '이해'해서 '설명'한 것은 아니었다. 내가 '이해'했다면, 배운 내용을 '소화'해서 상대방의 '언어'로 '설명'할 수 있어야 하는데, 나는 '내 것으로 소화'하는 과정을 건너뛰었거나 모르고 있었다.

이런 일들을 겪으면서, 수업시간에 배운 내용을 잘 소화하는 방법을 찾아봤다.

그것은 바로 '가르치면서 배우기'였다. 내 방식은 아래와 같다.

1. 주변에서 쉽게 접하는 친근한 것을 예로 들어 설명하기.

가령, 열전도를 설명한다고 해보자. 학교에서 배운 언어로 열전도는 '열에너지가 물질의 이동을 수반하지 않고 고온부에서 저온부로 연속적으로 전달되는 현상'이다. 이것을 아이에게 설명해보자. "배스킨라빈스에서 네가 좋아하는 쿠키앤크림 아이스크림을 컵으로 사서 먹고 있어. 한 손으로 컵을 잡고 다른 한 손으로 숟가락을 이용해 먹다보면, 컵을 쥔 손이 차가워지지? 왜 그럴까? 아이스크림이 네 손에 묻는 건 아니고, 차가움만 움직이는 거야. 딱딱해서 숟가락으로 떠먹기 힘든 아이스크림을 빨리 먹고 싶을 때는 어떻게 하면 좋을까? 컵을 테이블 위에 두지 말고 손으로 잡고 먹는 거야. 그러면 아이스크림이 빨리 녹기 시작하는데, 이때도 네 손의 따뜻함이 아이스크림으로 전달되기 때문이야. 차가움이나 따뜻함은 눈에 보이지 않는 아주 작은 알갱이들인데 움직이면서 열을 이동하는 거야. 그러니까 아이스크림이 손에 묻지 않아도 아이스크림을 따뜻하게도 하고, 네 손을 차갑게 할 수도 있는 거야. 굉장하지?"

2. 주변 사람들에게 설명해보기.

나는 종종 엄마에게 요즘 핫한 연구에 관한 이야기를 한다. 엄마는 딸에게 주관적이면서 연구자에게 객관적이다. 다시 말해서, 내가 하는 모든 연구가 "멋지다"고 응원해주면서, 엄마에게 생소한 분야를 제대로 설명하지 못하면, "그게 무슨 말이니" 하고 이해가 되지 않음을 직설적으로 말해준다. 그러니 엄마는 '가르치면서 배우기'의 매우 적합한 상대다. 특히 엄마는 표정이 솔직해서, 나는 말하는 도중에라도 엄마가 이해하지 못했다는 것을 쉽게 알아차릴 수 있다.

3. 학생들과 세미나 하기.

세미나를 통해 학생들을 가르치다보면, 예상치도 못한 다양한 질문을 받게 된다. '이 정도는 알겠지' 하는 내 기대에 어긋나는 질문들이다. 이는 '모두가 알고 있다'는 가정하에 어렵게 설명하는 방식에서 벗어나 기초 원리부터 설명하는 데 원동력이 된다.

내가 제대로 '알고' 있는 것이라면, 그것을 설명했을 때 아이도 쉽게 이해할 수 있어야 하며, 상대가 누구이든지 간에 쉽고 선명하게 설명할 수 있어야 한다. 내가 터득한 '가장 잘 배우는 방법'은 가르치면서 배우는 것이다.

# 결과만을 염려하지 말고, 과정을 즐겨라

Enjoy the journey, not just the destination!

나는 급한 성격 탓에 새로운 일이 주어지면 일을 빨리 끝낼 방법부터 생각한다. 그러다보면 서둘러 결과에 도달할 수 있는 방법만을 고집하게 된다. 결과만 생각하는 것은, 새로운 일을 진행하면서 배우게 될 다양한 경험이나 새로운 사람들을 놓쳐버리는 안타까운 일이다. 여행의 도착지만 생각하던 내가 여행의 과정 자체를 즐기게 된 것은 나사에서 일하면서부터다.

최근에 단기(1년) 연구 계획서와 장기(5년) 연구 계획서를 작성하면서, 내 관심사는 오로지 '어떻게 내가 원하는 결과를 얻어내지?'였다. 그러다보니 마음은 온통 '결과'에만 집중되었고, 원하는 것을 얻으면 '성공', 얻지 못하면 '실패'라는 이분법이 결국 내 계획의 전부를 차지하게 되었다. 굉장히 만족스러운 과제 제안서를 완성해갈 때쯤, 나는 제안서를 준비하는 과정이 즐겁기보다 괴롭다는 것을 느꼈다. 그리고 이내 깨날았다. '내가 틀렸구나!'

그 어떤 것도 '성공'과 '실패' 단 두 가지로 결론 내릴 수는 없다. 너무나 많은 요소가 최종결과에 영향을 미치고, 심지어 운명이 변덕을 부릴 수도 있다. 최고의 재능을 가진 선수도 모든 경기에서 이기지는 못한다. 어쩌면 코트에 나가 즐기며 매 경기에 최선을 다하는 선수가 승자인지도 모른다. 나는 마음가짐을 '결과'에서 '과정'으로 바꾸면서 매 순간을 즐길 수 있게 되었다.

이번 장기 계획서를 작성하는 동안에는 나사의 향후 정책을 더 이해할 수 있었고, 나사의 정책을 잘 아는 사람들을 만날 기회도 많이 얻었다. 내 꿈을 응원해주는 친구들도 만났고, 스스로에 대해 생각해볼 수 있는 시간도 가질 수 있었다.

"커다란 꿈을 꾸고 있다면, 결코 당장에 무엇인가 일어날 거라 기대하지 마라. 꿈의 크기만큼 시간이 걸릴 것이고, 그것은 당연한 일이다." "네가 지금 하고 있는 일은 긍정적이고 발전적인 일이니 계속해서 고민하고 즐겨라. 그리고 인내해라." 이것은 내 친구들이 들려준 말이다. 내 여정 안에서 작은 일부터 시작하고 진행하다보면, 강물이 모여 바다를 이루듯 작은 일들이 모여 큰일이 이루어질 거라 믿는다. 이 여정을 즐기지 않으면, 결코 인내하지 못할 것이다.

나사의 클리닉에 근무하는 한 요가 선생님은 수업중에 입버릇처럼 이렇게 말한다. "결과는 생각하지 말고, 지금 이 순간을 즐겨요Enjoy your journey, do not think about the destination." 운동도 인생과 같다. 누군가는 살을 빼기 위해, 누군가는 체력을 키우기 위해 수업에 왔겠지만, 단 한 번의 수업으로 눈에 띄는 결과를 얻을 수는 없다. 중요한 건 과정이다. '우리가 삶에서 할 수 있는 최고의 행동은 지금 이 순간을 즐기며, 최선을 다하는 것'이다. 즐기며 매 과정을 거치다보면, 한 시간의 수업은 끝이 나고, 몸과 마음은 달라져 있을 것이다.

삶을 즐기는 관점을 '결과'에서 '과정'으로 바꾸지 못했다면, 지금 이 책은 없었을 것이다. 이 책에 실릴 글을 모두 썼을 때의 성취감도 기대됐지만, 내가 지난 12년간 나사에서 배운 지혜를 글로 쓰는 과정 자체를 즐기고, 이 글을 통해 나와 연결될 이들을 생각해보는 것은 이 여정을 더욱 즐기게 해주었다.

오늘은 향 좋은 커피 한 잔까지 함께 하니, 여정이 더욱 환상적이다.

# 꿈은 명사가 아닌 동사다

Dream is a verb not a noun!

꿈은 '명사'가 아닌 '동사'다. 그런 의미에서, 내 꿈은 '나사 연구원'이 아니라, '일을 하다'이다. 이처럼 꿈은, 꿈을 '꾸고', 꿈을 이루기 위해 '행동'을 해야 하는 '동사'이다. 이번에는 바로 그 '동사'로서의 '꿈' 이야기를 해보려고 한다.

학회 출장을 갔다가, 중국의 한 대학교에서 박사과정 공부를 하는 미국 친구를 만났다. 미국에서 일하는 한국인인 나와 중국에서 공부하는 미국인인 그 친구는 '왜 자기 나라를 놔두고 타국에서 일하고 공부하는 것을 선택했을까'라는 주제로 이야기를 나눴다.

우리의 대화중에 '동사'인 꿈에 대해 나눈 재밌는 이야기가 있다. 꿈이 나사 연구원인 사람이 1년 동안, 아주 구체적인 내용으로 기도를 열심히 했다고 한다.

"미국 버지니아주에 가서, 나사 정문 앞에서 사진 찍고 오게 해주세요."

너무나도 실현 가능하고 구체적인 꿈이어서, 누구나 그의 꿈이 이루어졌을 거라 생각했다. 그런데 1년 뒤에 만난 그 사람은 여전히 같은 기도를 하고 있었다. 그를 잘 아는 친구가 그의 간절한 꿈이 이루어지도록 돕기 위해서 함께 기도를 했다고 한다.

"친구의 꿈이 이루어지게 해주세요."

그러고는 깊은 명상 뒤에 응답을 들었다고 한다.

"얘야, 나는 매일 네 친구의 꿈을 듣고 있단다. 하지만 버지니아로 가는 비행기 티켓을 사지 않고 기도만 하니 들어줄 수가 없구나."

이 대목에서 우리 둘은 슬프게 웃었다. 비행기표를 사서, 공항으로 가고, 비행기를 타는 행동이 있어야 꿈이 이루어진다. 꿈만 꾸고 행동하지 않으면 아무 일도 일어나지 않는다.

나는 지난 몇 년 동안, 꿈이 무엇이냐는 질문을 받을 때마다 "나의 일을 하는 것"이라고 답했고, 번번이 "그게 꿈이야? 뭔가 되고 싶은 거 없고?"라는 질문을 다시 받아야 했다. 많은 사람들이 '명사'로서의 꿈을 생각하고, 그 '명사'가 되지 못하면 꿈을 이루지 못했다고 생각한다. 즉 '나사 연구원'이나 '선생님' 등 구체적인 무엇이 되지 않았으면 꿈을 이루지 못한 것이 된다. 학창 시절을 돌아보면 한국에서도 꿈이나 장래희망을 물을 때 모두 의사나 변호사, 대통령 등 '직업'을 묻고 답했다. 하지만 내게 꿈은 단순하게 직업이 아니다. 내 꿈은 '동사'이지 '명사'가 아니다. 그리고 '동사'로서의 내 꿈은 그 누군가의 꿈만큼 밝고 선명하다.

'꿈'을 명사로 두면, 꿈의 크기와 관계없이 아무 일도 일어나지 않는다. '꿈을 좇다' '꿈을 꾸다' '꿈을 그리다'처럼 꿈은 좇고, 꾸고, 그리는 '동사'이기 때문에 행동하고 움직여야 이루어진다. 꼭 무엇이 아니어도 된다. 나를 필요로 하는 사람들과 함께 내 몫의 일을 즐기면 매일매일이 꿈 안에서 사는 날인 것이다.

# 세상 끝난 건 아니에요

It's not the end of the world!

"진정해, 그리고 차분히 평안을 찾아봐Stay calm and peace. 무슨 일이든 간에 세상 끝날 만한 일은 아니잖아."

우리 일상에서 아무리 어렵고, 슬프고, 힘든 일이 생겨도 그게 이 세상이 끝날 만큼 큰일은 아니라는 말이다. 생각보다 쉽게 해결될 수 있는 일, 시간이 해결해줄 수 있는 일도 있으니, 지금 내가 겪고 있는 문제가 세상 전부인 것처럼 괴로워하지 말라는 얘기도 된다. 물론 아무리 시간이 지나도 잊혀지지 않는 고통스러운 일들도 있을 것이다. 하지만 많은 일들은 "세상 끝날 일도 아니에요That's not the end of the world"라는 한마디로 침착을 되찾을 수 있는 사소한 문제일 것이라고 믿는다.

나의 경우, 지금 하는 연구가 세상의 전부라고 생각하는 때가 종종 있다. 실험이 잘되면 "오늘은 나의 날이다It is my day"라고 하고, 잘 안 되면 "오늘은 내 날이 아니네It's not my day"라고 말한다. 이런 말을 하고 다니니 동료 눈에는 연구 결과가 마치 내 삶의 전부인 것처럼 보였을 것이다.

어느 날 동료가 나에게 "세상 끝날 일도 아니야"라며 오래전 자기가 겪은 이야기를 들려주었다.

> 어느 날, 밤늦게 혼자 남아 10m 높이 건물 위에서 실험을 하고 있었어. 그러다 그만 실수로 건물에서 떨어졌어. 추락하던 중에 간신히 난간을 붙잡았고 다행히 바닥으로 떨어지지는 않았어. 한 치 앞도 보이지 않는 어둠 속에서, 손을 놓으면 그대로 떨어져 크게 다치거나 죽을 수도 있다는 생각에, 죽을힘을 다해 밤새 난간을 붙잡고 있었어. 다음날 동이 트고 보니, 나는 지면에서 고작 30cm 위에 떠 있었어. 고작 30cm 때문에, 손을 놓으면 세상 끝이라고 생각하고 밤새 절망 안에 있었던 거야. 세상 끝날 것 같은 일을 마주할 때마다 일단 진정하고 평안을 찾아봐. 네가 한참을 떨어졌다는 것도, 어디쯤 잡을 만한 난간이 있다는 것도, 이미 모두 네가 알고 있는 사실이야. 하지만 세상 끝난 사람처럼 행동하면 아무것도 떠오르지 않고 고작 바닥 30cm 높이에서 버티기 위해 죽을힘을 다해 난간을 잡고 있어야 해.

동료는 자신의 경험담인 듯 들려주었지만 과장이 심했다. 세상에, 높은 건물에서 떨어졌는데 지면 30cm 위에서 난간을 잡고 밤새 버텼다니. 하지만 동료가 들려준 얘기가 당시의 내겐 큰 위안이 되었다.

지난주 학회가 끝나고 돌아오는 길에, 갑자기 귀국행 비행기가 취소되었다. 이번에도 세상 끝난 듯 호들갑인 나를, 친구가 "진정하고, 침착하게 평온을 찾아봐Stay calm and peace!"라는 말로 진정시켜주었다. 공항이 내 세상의 전부가 아니듯, 비행기가 취소된 일도 내 세상의 끝이 아니다. 차분하게 그날 묵을 호텔과 다음날 비행기를 예약했다.

"이 또한 지나가리라"라는 멋진 말도 있지 않은가. 우리는 1년 내내 매일매일 비가 내리지는 않는다는 사실을 안다. 지금은 비가 내리지만 곧 먹구름은 지나갈 것이고, 다시 햇살이 비칠 것이라는 사실을 너무나 잘 알고 있다. 곧 지나가고 말 일을 세상 끝나버릴 일로 생각하고 사는 건 아닌지 한번쯤 돌아보자.

# 나사에서 일한다고 모두가 로켓 과학자는 아니다

I'm not a rocket scientist!

우리말에 '수재' 혹은 '머리 좋은 사람'이란 말이 영어로는 'Rocket Scientist(로켓 과학자)' 정도 된다. 아마도 국적을 불문하고, '로켓 과학자' 하면 '많이 배우고 똑똑한 사람'이라는 생각이 드는 모양이다. 이웃들에게 나사에서 일하는 연구원이라고 나를 소개하면, "당신은 로켓 과학자군요"라는 말로 첫인사를 건네기도 한다.

결론부터 말하자면, 나는 절대로 '로켓 과학자'는 아니다. 직장에서 나는 우주와 로켓을 이야기하지만, 그저 내 몫의 역할을 할 뿐 수재는 아니다. 매일 진짜 로켓 과학자들을 만나고 그들과 함께 일을 하다보면 내가 꽤나 대단한 일을 하는 것처럼 느껴지거나, 내가 남들보다 대단한 일을 한다는 착각에 우쭐대기 쉽다.

1980년대에 박사학위를 받고 나사에 수십 년간 몸담은 진짜 로켓 과학자가 나에게 해준 말이 있다. "나사에서 일한다고 남보다 대단한 일을 하고 있다는 생각을 버려라." 모두가 각자의 일을 하는 것일 뿐, 누가 누구보다 더 대단한 일을 하는 것은 아니라는 것이다. 누군가는 눈에 보이는 동네의 일을 하고, 나는 보이지 않는 우주의 일을 한다고 해서, 내가 그들보다 멋진 일을 한다거나, 나은 일을 하는 것은 절대 아니다.

당장에 내 점심을 준비해주는 카페테리아 직원이 없으면 나는 배고픔에 연구고 뭐고 할 수 없다. 전화 한 통에 달려와서 고장난 컴퓨터를 고쳐주는 기술팀이 없으면 나는 아무 일도 못한다. 센터 내에는 다양한 직업이 어우러져 있다. 물론 기술자, 연구원, 과학자가 대다수이지만, 클리닉에는 간호사, 방사선사, 요가 강사, 마사지사 등이 있고, 카페테리아에는 영양사, 제빵사, 조식 담당자, 샐러드바 담당자 등이, 미디어팀에는 센터 투어 담당자, 나사 유튜브 담당자, 나사 티브이 아나운서 등 너무나도 다양한 직업들이 있다. 이 모든 사람들이 모여 센터를 건강하고, 활기차고, 재미있는 공간으로 만든다. 결코 나사는 로켓 과학자들만의 세상이 아니다.

기억하자. 모두가 각자의 일을 하는 것이다. 내가 남들보다 대단한 일을 하고 있다고 생각하지는 말자.

# 우리는 누구나 무엇을 팔면서 산다

Everyone lives by selling something!

우리는 일상에서 수많은 것을 팔고 있고, 팔아야 하는 상황에 놓인다. 나 또한 나사에서 수많은 것을 팔고 있다. 우리가 파는 것은 물건뿐 아니라, 자기 자신도 포함된다. 내 것을 사주는 고객은 생각보다 다양한데 대가는 돈 이외에도 미소, 박수, 감사, 자부심 등이 되기도 한다. 자주 팔다보면, 장사 수완이 늘기도 한다.

이곳에서 일을 하면서, 생각보다 자주 듣는 말 중 하나가 '팔다sell'이다.

예를 들면, 다음과 같은 상황들이다.

"이번에 과제 제안서를 쓰려고 해."

"네 아이디어를 잘 팔아봐."

"이번에 승진 기회가 있어."

"너를 팔 수 있는 절호의 기회네."

"이번 미팅에 프로젝트 결정권자가 온대."

"네 미래를 위해서 연구 결과를 잘 팔아봐."

"이번에 여름 인턴십 프로그램 신청자를 모집하는 자리에 참석하게 됐어."

"네 이야기를 잘 팔아서, 좋은 학생들이 많이 지원하게 해봐."

"이번에 나온 연구 결과가 좋아서 논문과 특허를 작성하고 있어."

"네 기술을 잘 팔아서, 사회에 도움이 되게 해봐."

이처럼 나는 수많은 목적을 가지고 다양한 것들을 파는데, 잘 팔기 위해 설득하고, 회유하며, 강요하기도 한다. 내가 팔고 있는 물건 중, 가장 팔기 어려운 물건은 다름 아닌 '나 자신'이다. 매일같이 나를 팔아야 하는 것은 아니지만, 삶에서 나를 팔아야 하는 경우가 생기기 마련이다. 자신을 팔아야 하는 상황을 우리는 일명 '기회'라고 부른다.

나를 잘 파는 일은 내가 나사에 있는 이유이기도 하고, 미래에 서야 할 자리를 만드는 경우이기도 하다.

어느 날, 나를 파는 일이 익숙하지 않고, 손발이 오글거리는 일이라고 손과 발을 배배 꼬아가면서 표현하는 나에게 센터 동료가 자신을 잘 파는 방법에 대해 알려준 적이 있다.

1. 나 자신에 대한 평가를 솔직하게 하라. 절대로 실제보다 부풀려서 팔지 마라.
2. 나를 사는 사람과 적극적으로 대화하라.
3. 누구에게 팔아야 하는지 시장조사, 즉 숙제를 게을리하지 마라.
4. 기회가 오기를 기다리지만 말고, 기회를 찾아나서라.

기회를 찾고 만드는 연습을 자주 하다보면, 물건 팔듯 '나 자신'도 잘 팔 날이 올 거라 확신한다.

누군가는 물건을 팔고, 누군가는 서비스를 팔며, 또 누군가는 아이디어를 팔고, 관심을 팔고, 기술을 팔고, 재주를 팔고, 기회를 팔고, 그리고 또 누군가는 이야기를 판다. 요즘 유튜브에서 다양한 콘텐츠(화장하는 방법, 게임하는 방법, 연애 잘하는 방법, 잘 먹는 방법 등)를 파는 크리에이터들을 보면 생각보다 팔 수 있는 것이 많구나 하는 생각과 함께 그들의 콘텐츠 아이디어에 감탄이 나오기도 한다. 이처럼 우리 모두는 무언가를 팔고 있고, 수많은 것을 팔 수 있다. 우리 모두는 무언가를 판다!

# 성공이란

Meaning of success!

가치가 있다고 믿는 것을 성취하되, 나뿐만 아니라 이웃과 함께 목표를 이루고 누리는 것이다.

오랜 시간 공들여 연구한 우주선이 발사되었을 때, 나사에서 일하는 우리는 "성공했다"고 한다. 발사되는 우주선과 함께 비추어지는 나사 상황실 장면을 뉴스에서 본 적이 있을 것이다. 성공을 확인한 연구원들이 두 손을 하늘 높이 뻗어 감정을 표현하기도 하지만, 대부분은 옆 동료를 껴안아주고, 주위를 돌아보며 모두를 위해 박수를 쳐주기도 한다. 이 장면이 내가 나사에서 배운 성공의 모습이다.

가치가 있다고 믿는 것을 성취했을 때, 나를 둘러싼 모두의 공으로 돌려 박수를 쳐주고, 동료의 성공을 안아주는 것이 성공이다. 동일한 가치를 지향하고 함께 성공을 이루는 것. 다른 이의 성공을 나의 성공처럼 생각하고 축하해주는 것. 이것이 내가 12년간 이곳에서 일을 하며 배운 성공이다.

# 안전제일

Safety 1st!

나사에서 생산성보다 더 중요하게 여기는 것은 '안전'이다. 매달 센터에서 보내오는 안전 관련 보고서에는 지난 한 달 간 일어난 안전사고, 리콜 정보(회사측이 제품의 결함을 발견하여 보상해주는 소비자보호제도로 내부에서 쓰는 물품 중에 리콜 대상 제품이 있으면 알린다), 계절별 안전 지침 등이 담겨 있다. 매달 보고서를 작성하는 그 수고와 노력은 '안전'이 일회성이나 개인의 일이 아닌, 끊임없이 인지하고 함께 노력해야 하는 일임을 알리려는 데 목적이 있다.

'안전제일.' 안전이 우선이다. 그런데 안전이 최우선으로 여겨지지 않는 이유는 다른 일을 그 앞에 두기 때문이다.

첫째, 일이 안전보다 우선시되는 경우다.

한 시간 이내에 실험 결과를 제출해야 해서 급하게 실험을 마무리하다가 한 연구원이 실수로 약품을 쏟아버린 일이 생겼다. 화재경보음이 울리고, 센터 내에 있는 소방대원들이 도착했다. 화재경보음이 울리면, 소방대원들이 문제를 해결하고 경보음을 끌 때까지, 건물에 있는 모든 사람은 밖으로 대피해야 한다. 화학약품을 가지고 실험하다 연구원에게도 튄 상황이라, 안전 규정상 연구원은 오염되었을 것으로 예상되는 모든 옷을 벗고 샤워를 해야 했다. 이 일이 있고 다음날 우스갯소리로 "창피당하지 않으려면 속옷부터 잘 입고 다녀야겠다"고 한 걸 보면, 건물 밖으로 피신한 많은 사람 사이에서 속옷 차림으로 샤워를 하는 것은 결코 유쾌한 일은 아닌 듯하다.

둘째, 시간이 안전보다 우선시되는 경우이다.

당연한 이야기지만 시간이 촉박할수록 서두르게 된다. 차로 10분 거리의 공군기지 내에서 미팅이 있었는데, 진행중이던 실험을 급히 마무리하고도 미팅 시작 5분 전에야 출발할 수 있었다. 놓친 5분을 따라잡기 위해서 더욱더 서둘러 운전했다. 센터 내 규정 속도는 대체로 25마일(40킬로미터)인데, 정문에 가까워지면 15마일로 급격히 줄어든다. 정문으로 곧장 향하는 메인 도로 이외에 좌우로 난 도로에서도 차들이 같이 빠져나가야 하는데, 센터에는 신호등이 없기 때문에 속도를 엄격히 규제해서 사고를 방지하는 것이다. 10년 넘게 오간 익숙한 길인데, 그날은 시간에 쫓겨 20마일의 속도로 정문을 통과하려다 보안팀에 잡혀 속도위반 딱지를 받고, 20분 넘게 서류를 작성해야 했다. 5마일의 속도로 나와 다른 이들의 안전을 위협하고, 결국 미팅에도 참석하지 못한 것이다.

셋째, 나보다 남이 우선시되는 경우이다. 미국 생활 초기에, 개인 업무와 관련해서 초면인 사람이 집으로 찾아오겠다는데 혼자 있는 집으로 부르기가 편하지 않았다. 그렇다고 불편하다는 이유로 거절하자니 뭔가 마땅한 것 같지는 않아 하는 수 없이 집에서 만났다. 하지만 내가 안전하다 느끼지 않아서인지 일하는 내내 마음이 편치 않았고, 일의 결과도 좋을 리가 없었다. "내가 편하지 않아, 나는 너무 불편해I do not feel comfortable"라는 말이 얼마나 명확한 거절의 이유인지 '안전제일'을 배우면서 알게 되었다. '안전제일'은 '나'를 위한 것이고, 더불어 '우리'를 위한 것이다. 내가 불편하다는 것을 상대가 이해하지 않는다면, 내 안전을 위협하는 사람이니 굳이 만날 필요가 없다.

안전이 우선시되면, 생산도 늘고, 시간도 확보되고, 옳은 사람도 곁에 둘 수 있다. 실제로 '안전제일'이라는 슬로건은 1906년 미국의 철강업이 불황의 늪에 빠졌을 때 철강회사 회장인 E. H. 게리가 경영의 기본방침을 '안전제일, 품질제이, 생산제삼'으로 개정하고 안전작업에 관한 시책을 강화함으로써 시작된 것이다. '안전제일'을 실행한 결과, 제품의 질과 생산량도 향상된 실제 사례가 나왔다.

'안전제일.' 내 안전이 우선이다. 내가 물 밖에서 안전해야 물에 빠진 사람도 구하지 않겠는가.

# 자신감은 어디에서 오는가

Self-confidence!

'자신감 얻는 법'이라고 인터넷에 검색하면 많은 방법이 나온다. 시간과 경험을 통해서 얻은 업적achievement, 타고난 성격nature of the personality, 언제나 옳은 일을 하되 틀릴 것을 두려워하지 않는 용기always being right but not fearing to be wrong가 기본이 되어야 한다는 말은 거의 공통적으로 나온다.

업적이 없고, 타고난 성격이 자신감과는 거리가 멀고, 용기가 없는 사람은 자신감 없이 살아야 하는 걸까?

내가 나사에서 배운 '자신감'은 타고 나지 않아도 생각보다 쉽게 가질 수 있다. 물론 업적도 있고, 용기 있는 성격까지 더해진다면 금상첨화겠지만, 내가 보기에는 '스스로를 솔직하게 바라보는 자세'가 자신감을 가지는 데 가장 필요하다. 자신감을 뜻하는 영어단어 'self-confidence'에서 self(자신)를 제외하면, confidence(신뢰)만 남는다. 자신감은 자신에 대한 신뢰를 쌓는 과정이다. 스스로를 신뢰하면, 다른 사람에게서 신뢰를 얻을 수 있고, 다른 사람을 통해 얻은 신뢰는 자신의 신뢰를 키우는 데 자양분이 되어준다. 이러한 자신과 타인 간의 신뢰 순환 구조를 통해서, 우리는 자신감을 얻고, 찾고, 회복하게 된다.

내가 주변에서 자신감 있는 사람들을 관찰해본 결과를 소개한다.

1. 스스로를 있는 그대로 보고, 상황을 직시한다.
2. 스스로 하는 일을 아주 작게 쪼개서, 작은 일이라도 매일 한다. 작은 것들이 모여서 큰 것을 이룬다는 진리를 잘 알 뿐만 아니라 큰일을 한번에 떠안지 않는다. 작은 일을 매일같이 해결함으로써 스스로를 칭찬하고 응원하며, 성취감을 통해 자신감을 쌓아간다.
3. 스스로에게 힘이 되는 말을 자주 한다. 힘이 되는 말은 긍정 에너지와 같아서, 스스로를 다른 사람들과 비교하려는 마음을 방지할 수 있다.
4. 스스로를 행복하게 하는 순간이나 물건을 잘 안다. 가령, 기분을 끌어올리는 음악이나 차 종류를 하나씩 기억해둔다.
5. 스스로에게 힘을 주거나 새로운 영감을 주는 친구를 만나 시간을 함께 보내는 것을 중요하게 생각한다.

이처럼, 내가 만난 자신감 있는 사람들은 자신에 대해 잘 알고,

자신의 역량과 감정에 솔직하다. 자신감이 생기면, 새로운 것을 배우거나 새로운 환경에 놓이는 등 갑작스러운 상황에 처해도 컨디션을 조절할 수 있고, 스트레스를 덜 받는 것처럼 느끼게 된다. 또한 자신의 결정을 신뢰하게 된다.

내 자신감의 원천은 나 스스로를 바로 보게 도와주는 부모님이다. 부모님은 언제나 내게 "네 결정이니 옳다"고 말해주신다. 나와 가장 가까운 존재인 부모님이 나에게 보여주는 신뢰는 내가 자신감을 가지는 데 매우 큰 힘을 발휘한다. 언제나 내 결정이 옳고 맞을 수는 없다는 것을 부모님도 아신다. 하지만 부모님은 내가 스스로를 들여다보고, 자신을 신뢰하는 시간을 보내도록 기회를 주신 것이다.

자신감은 스스로를 신뢰하는 데서 온다. 자신을 신뢰하는 것은 스스로를 바로 아는 데서 시작한다. 자신을 솔직하게 바라보면, 자신을 알게 된다. 내 장점은 물론 단점까지도 모두 솔직하게 안 후에는 비밀 없는 친구 사이에 믿음을 쌓듯 자신과 신뢰를 쌓아가면 된다. 자신을 한번 믿어보자!

# 당장 흔들의자에서 뛰어내려야 한다

Jump out of your rocking chair!

흔들의자에 앉아 있는 것은 계속해서 움직이는 것처럼 보이지만, 실상은 줄곧 그 자리에 머물게만 하지, 결코 다른 곳으로 데려가지는 않는다. '걱정'은 마치 흔들의자에 앉아 있는 것과 같아서 끊임없이 앞뒤로 왔다갔다하면서 걱정하고, 고민하고, 생각만 하지 실제로는 고민이 없어지거나 해결되는 것은 아니다.

수많은 연구 장비를 다루는 일을 하다보면, 예상 밖의 일들이 생각보다 많이 일어난다. 장비가 고장나기도 하고, 시설에 문제가 생겨서 장비 운영에 차질이 생기기도 한다. 그러다보니, 일어나지도 않은 일들을 미리 걱정하는 버릇이 생겨버렸다. 이런 나에게 동료들이 종종 들려주는 말이 바로 이것이다. "걱정은 흔들의자에 앉아 있는 것과 같다." 온 힘을 다해 반동을 줘도 고작 앞뒤로 움직이는 것밖에 하지 않는 의자에 앉아 있는 것은, 아무것도 하지 않고 걱정만 하는 것과 닮았다. 흔들의자에 앉아서 '앞으로 갈까, 뒤로 갈까? 다시 앞으로 갈까? 아니야 다시 뒤로 갈까?' 하고 머릿속으로만 바쁘지 정작 나는 어디로도 가지 않고 제자리에 있다. 의자가 나를 잠시 앞으로 뒤로 데리고 다녀서 내가 뭔가 하는 것처럼 느껴지지만 결국 한 발짝 앞뒤로 반복해서 움직일 뿐이다.

의자에 앉아서 걱정만 하면, 아무 변화도 일어나지 않고, 꼬리에 꼬리를 무는 걱정들로 인해서 근심만 더 늘어난다. 하지만 흔들의자에서 일어나 한 발짝을 떼면 원인 모를 걱정들이 투명해지고, 문제가 해결되기도 한다.

물론 우리에게 쉼을 주는 흔들의자는 필요하다. 다만 제자리에 갇혀 걱정이 꼬리에 꼬리를 물게 만드는 용도로는 쓰지 말아야 한다. 앉아서 고민만 반복하는 것은, 실상은 아무것도 하지 않은 것이다.

# 초등학교 5학년 수준의 글쓰기를 하자

Write like 5th grade!

오늘날 우리의 일상에서 글쓰기는 대화만큼 큰 비중을 차지한다. 문자메시지, 이메일, 실무 보고서, 과제 제안서 등 형태는 다양하지만 그 목적은 나의 메시지를 상대에게 전달해서 상황이나 결과를 내가 원하는 방향으로 이끄는 데 있다. 지난 몇 년간 나는 글쓰기 전략과 비법에 관한 책을 한국어, 영어 가리지 않고 열심히 찾아 읽었다. 하지만 명료하고 강력한 글을 쓰는 비법과 전략들은 너무나 광대해서 오히려 글쓰기를 주저하게 만들었다.

내가 다시 글쓰기를 편하게 시작할 수 있도록 도와준 것은 "5학년 수준의 글쓰기를 하라"는 말이었다. 나사에서 진행하는 글쓰기 강좌에서도, 글을 잘 쓰는 동료들도 한결같이 "5학년 학생의 수준으로 글쓰기를 하라"고 조언한다. 나는 직업상 전문용어

terminology와 특수용어jargon를 많이 쓰는데, 이런 용어들을 어떻게 초등학교 5학년 학생의 수준으로 표현할 수 있을까?

다음은 내가 나사에서 배운 글쓰기 방법이다.

1. 문장을 되도록 짧게 쓰자.

문장을 길고 어렵게 쓴다고 해서 좋은 글이 되는 것은 아니다. 영어 문법을 많이 배운 사람일수록 관계대명사(what, which, that 등)를 많이 쓴다. 그러다보면 문장이 길어진다. 관계대명사를 쓰는 대신, 짧게 끊어서 문장을 쓰자.

2. 함축적인 말은 되도록 아끼자.

함축적, 혹은 압축적 단어는 겉으로 잘 드러나지 않지만 깊은 의미를 담은 말인 경우가 일반적이다. 또한 함축적인 글이나 말은 한 단어가 많은 뜻을 담고 있어서 글을 모호하게 만들기도 한다. 함축적인 단어 대신 구체적인 표현을 쓰는 것이 좋다. 사례를 드는 것도 좋은 방법이다. 특정 분야의 전문가가 아니어도 이해하기 쉽게 쓰고 전문용어나 특수용어는 되도록 피해야 한다.

3. 소리내어 읽었을 때 자연스럽게 읽히는 글을 쓰자.

초등학교 때 나는 일기를 쓰고, 큰 소리로 읽어가면서 '반복되는 말 없이, 쉽게 읽히는 글인가' '말이 되게 쓰였는가'를 가늠해본 적이 있다. 잘 쓰인 글은 가독성을 높인다. 글을 쓰는 중간중간 소리내어 읽으면서 다듬어보자.

4. 거창한 서론은 쓰지 않는다.

이 부분은 내 글쓰기의 문제점이기도 한데, 나는 앞으로 무슨 이야기를 할 것인지 서론에서 제대로 설명해야 그다음 내용을 뒷받침할 수 있다고 생각했다. 그러다보니, 서론이 너무 길고 거창했다. 그런데 초등학교 5학년 학생의 글은 "오늘은 기분이 아주 좋았다"로 시작해서, 왜 기분이 좋은 하루였는지 설명하는 방법을 쓴다. 나처럼 기분 좋은 오늘을 뒷받침하기 위해, 아침에 눈을 뜨면서부터 하늘이 얼마나 파랬고, 날씨가 얼마나 화창했는지 구구절절 설명하지는 않는다.

아이들의 글처럼 서두에 핵심을 담고, 주장에 맞는 이유와 근거를 제시하고 증명한 후, 핵심을 거듭 주장하면 된다. 송숙희 저자의 『150년 하버드 글쓰기 비법』(유노북스, 2020)에서도 '의견Opinion–이유Reason–예시Example–의견Opinion/Offer'을 제시한다.

나는 초등학교 때, '모방'으로 글쓰기를 배웠다(어려서 책을 많이 읽었는데, 읽은 책의 기억나는 글귀를 내 글에 써먹었다). 그렇게 따라하다보니, 어느새 나만의 색을 갖춘 글을 쓰고 있었다. 작가들이 습작 시절에 '필사'를 하는 것도, 아마 이런 효과를 기대한 것은 아니었을까 생각한다. 대부분의 글쓰기 비법서들도 '많이 쓰면 쓸수록 글쓰기 실력이 는다'고 주장한다.

어린 시절의 그때처럼, 많이 읽고 많이 생각하다보면 글감이 풍부해질 것이고, 풍부해진 글감으로 초등학교 5학년 학생처럼 이야기하듯 써보자.

# 권투선수의 길

The boxer's walk!

과제비 지원을 받으면, 연구 진행 보고를 1년에 적게는 두 번에서 많게는 네 번 해야 한다. 연구 초기에는 제안했던 계획대로 되고 있는지, 결과물을 제출하는 데 스케줄 변동은 없는지, 만일 문제가 생기거나 일정이 지연된다면 도움이 필요한 부분은 없는지 등을 발표한다. 그중 연구 진행 부분은 말하자면 '세상을 바꿀 만한 대단한 연구 결과를 얼마나 냈는지' 뽐내는 부분도 적당히 포함된다. 팀원들이 수 개월 동안 진행한 연구를 내가 대표해서 발표를 마치고 나면 의례적으로 잘했다거나 수고했다는 말은 무대에서 있는 나에게 집중된다. 물론 나에게 집중된 칭찬을 나는 팀원들의 시간, 노력, 프로젝트에 대한 열정과 책임감으로 돌리지만 내가 스포트라이트를 받은 것에 대한 미안한 마음도 남아 있다.

이런 내 마음을 아는 팀원이 시를 써서 보내주었다. 그는 링 안에서 혼자만의 외로운 싸움을 펼치게 될 권투선수의 심정과 다짐을 생생하게 시로 표현했다. 이 글을 읽는 분들의 마음에도 가닿기를 바라면서 그의 멋진 시를 여기에 소개한다. 다만 번역의 한계로 영어 자체에서 풍기는 맛을 고스란히 전달하기는 쉽지 않을 것 같아, 우리말 번역문과 영어 원문을 함께 싣는다.

권투선수의 길

-고드프리 사우티

그 여자는 나아간다
춤을 추며 손에 낀 글러브로 여기저기 건드리고 흔들면서
그는 자신이 최고였다고 말한다
지금도 가장 강하며
앞으로도 가장 강할 것이라고 말한다
누군가는 그가 걸어온 길을 의심의 눈초리로 쳐다보고
그의 자신만만한 모습을 비웃기도 한다
어떻게 그는 자신이 제일 강하다는 것을 알았을까
어째서 자신이 제일 강하다고 생각할까
왜 자신이 가장 강하다고 말할까
그런데 모든 이가 모르는 무언가를 그는 알고 있다
바로 링 위에서의 외로움과 고요함이다

링 위에서 선수는 혼자다

자신과 자신의 생각만 있을 뿐이다

눈부신 조명이 비추는, 로프로 둘러싸인 공간에는 도망갈 곳도 숨을 곳도 없다

살아남으려면

내가 가장 강하고

가장 강한 것은 나 자신이며

앞으로도 가장 강한 사람은 나라고 믿어야 한다

그가 링 위에서 춤추는 이유는 자신만을 위해서가 아니다

그의 엄마를 위해

그의 자매를 위해

그의 팀을 위해 춤을 춘다

또한 '코치', 컷맨•, 체육관에서 타월을 줍던 여자아이를 위해서도 춤을 춘다

이들을 위해 그는 스스로 믿어야 한다

내가 가장 강했으며

가장 강한 것이 나 자신이며

앞으로도 가장 강할 것이라고

하지만 사실 그는 속으로

후끈한 열기가 없는

• 컷맨cut man: 상처에서 피가 나는 것을 멈추도록 도와주는 보조자.

화려한 조명이 없는
뜨거운 관심이 없는
조용한 장소로 가고 싶어한다
차분히 책을 읽을 수 있는 곳이나 조용한 낚시터 같은 곳으로
하지만 그는 앞으로 가야 한다
그리고 춤을 추며 긴 터널을 지나
모든 이가 이렇게 믿도록 해야 한다
그가 원하는 것은, 유명해지고
온갖 잡지 표지와 뉴스에 등장하는 것이라고
그들이 그렇게 믿으면
그 자신도 그렇게 믿을 수 있게 되기에
그러한 믿음은 현실이 될지도 모른다
링 위에서 외로움을 마주하기까지
그는 눈부신 조명을
스스로에 대한 의심을
뚫고 지나야 한다
그런 다음에야 싸울 수 있다
엄마를 위해서
자매를 위해서
팀을 위해서
언젠가는 그처럼 유명해지고 싶다고 말하는
여자아이를 위해서!

**The boxer's walk**

**- Godfrey Sauti**

She dances as she weaves her way along
Touches a glove here, and shakes a hand there
She shouts that she is the greatest there ever was
The greatest there is
And the greatest that there will ever be
Some doubt her walk
Pour scorn on her boast
How can she know she is the greatest
How can she even think she is the greatest
Why does she say she is the greatest
But the boxer knows something they all ignore
The loneliness and the quiet of the ring
For in there, the boxer is alone with her thoughts
Between those ropes amidst all the glare
There is nowhere to run, nowhere to hide
To survive, the boxer must believe
That she is the greatest that was
The greatest that is
And the greatest that there will ever be

Not only for herself does she dance her way into the ring
She dances for her mother
She dances for her sister
She dances for her team
For "coach", the cut man, the small girl that collects the towels in the gym
For all of them and to all of them, she must believe
That she is the greatest that was
The greatest that is
And the greatest that there will ever be
Deep inside, all she wishes for is a quiet place
Away from this heat
Away from all this light
Away from this fame
A spot of fishing perhaps
Or to quietly read a book
But instead, on she must go,
Dancing her way down that tunnel
Making them believe, all of them
That what she wants is to be famous

To be on all the magazine covers,

To be in all of the news

For if they believe

Then she too believes

And that belief helps her make it

All the way to the loneliness of the ring

Through the glare of the lights

Through all the self doubt

So she can fight

For her mother

For her sister

For her team

For that little girl who says to her

Tomorrow, I want to be famous, Just like you!

# 인생은 차를 운전하는 것과 같다

Life is like driving a car!

미국 생활을 시작한 2009년, 나사에서 걸어서 한 시간 거리의 아파트를 렌트했는데, 버스로는 두 시간이나 걸린다고 했다. 버스가 얼마나 가끔 오고, 얼마나 많이 돌아가길래 걸어서 한 시간 거리가 버스로는 두 시간이나 걸린다는 거지? 더 생각할 틈도 없이 도로주행 연습을 하고, 중고차를 사서 집과 센터로 오가는 일을 반복했다. 한국에서도 안 하던 운전을 타국에서 매일 하려니 두려웠지만, 선택의 여지가 없었다.

운전할 때마다 기도했고, 그 덕인지 감사하게도 지금까지 12년째 무사고 운전을 하고 있다. 더욱 감사하게도 운전을 통해서 삶도 배우게 되었다. 운전은 인생과 같다.

1. 혼자서 살 수 없듯, 도로는 절대 혼자 쓰지 못한다. 도로를 나누어 쓰면서 다른 차들과 속도를 맞춰 달리는 법을 배우고, 나와 다른 사람의 간격을 존중하게 된다.
2. 연료가 없으면 아무리 좋은 차도 달리지 못하듯, 사람도 연료(에너지, 체력)가 없으면 달리지 못한다.
3. 도로에는 눈에 보이지 않는 규칙이 있다. 가령, 빠르게 달리는 차는 차로의 왼편(1차선, 혹은 추월차선)에서 달린다. 또한 도로에서 절대 중앙선을 넘어서는 안 되는 것처럼, 인간관계에서도 넘지 말아야 하는 선이 있다.
4. 제한속도는 반드시 준수해야 한다. 과속으로 사고가 날 경우 그 피해는 되돌릴 수 없을 만큼 크다. 아무도 없다고 속도를 위반해서 달리면 경찰이든 카메라든 어딘가에 잡힌다. 아무리 숨기고 숨겨도 거짓과 부도덕이 드러나는 우리 삶과 같다.
5. 앞뒤 창문과 세 개의 거울을 활용해서 앞도 보고 뒤도 보고 옆도 봐야 한다. 우리의 삶도 앞만 보고 달릴 수는 없다. 뒤를 돌아보는 거울도, 내면을 바라보는 거울도 필요하다.
6. 이정표를 잘 보고 다녀야 길을 잃어버리지 않는다. 삶에서는 부모님이나 연장자, 혹은 독서를 통해 오는 지혜가 삶의 이정표가 되기도 한다.
7. 속도보다 방향이 더욱 중요하다. 잘못된 길로 열심히 달리면, 다시 길고 긴 출발점으로 돌아와야 한다.
8. 겉만 보고 판단하면 안 된다. 겉이 화려한 차도, 엔진이 고장나면 아

무데도 못 간다.

9. 옆에서 갑자기 끼어드는 예상치 못한 상황에도 의연하게 대처할 마음가짐이 필요하다.
10. "운전은 절대 잘한다고 자만해서는 안 된다. 그 순간 사고가 난다." 아빠가 운전을 가르쳐주면서 나에게 해준 말이다. 운전에서도 삶에서도 사람은 언제나 겸손해야 한다.
11. 연식이 오래되어도 바래지 않고 골동품 가치가 되는 클래식카 Antique vehicle와 같은 사람으로 남고 싶다.
12. 멀리 있는 신호등도 보고, 가까이 있는 차도 봐야 돌발 상황을 줄일 수 있다. 인생을 계획할 때 장단기 계획을 모두 고려해야 하는 것과 같다.
13. 운전하는 여정을 즐겨라! 운전은 어디든 나를 데리고 갈 것이다. 지금의 삶을 즐기지 못하면서 미래만을 이야기할 수는 없는 것과 같다.

차나 사람이나, 나만 조심한다고 사고가 나지 않는 것은 아니다. 우리 모두가 사고 없이 원하는 목적지로 가는 것이 중요하다. 이는 우리가 함께 사는 삶이고, 함께하는 여정이기 때문이다. 내가 사고를 내지 않더라도 다른 차가 사고 나면, 길은 막히고 내 여정에도 차질이 생긴다.

인생 여행에 쉼을 주는 휴게소도, 동무가 되어주는 다른 차들도, 즐겨 가는 여행지도, 모두 우리에게 꼭 필요한 것들이다. 쉬어가고, 함께 가고, 즐기면서 인생길을 가다보면 어느새 목적지에 닿아 있을 것이다.

나는 오늘도, 운전을 통해서 삶을 배운다.

# 주위의 인적자원을 적극적으로 활용하라

Use your resources!

사람도 자원이 되는 시대가 왔고, 어쩌면 사람이 가장 중요한 자원인지도 모른다. 나사에서의 인적자원은 내가 낯선 환경에 적응하고 지속적인 성장을 하는 데 결정적 역할을 하는 가장 중요한 요소이다. 특정 직위에 상관없이 인적자원이 내 일의 성과에 큰 도움이 된다. 인간의 창의적 생각, 기술, 능력, 에너지, 시간 등의 자원 이외에 특히 인간관계에서 생겨나는 협동심, 유대감, 결속력 등의 자원이 나에게 무척 큰 도움이 되기 때문이다.

엄마는 내가 어릴 때부터 "청소하시는 분들 노고에 감사하고, 정성으로 대해라"라고 말하시면서 사람의 직위에 상관없이 모두를 정성으로 대하라고 가르치셨다. 물론 훗날 도움받을 일을 염두에 두고 선의를 베풀라는 말은 아니지만, 청소하시는 분들을 정성으로 대했더니, 그 대가를 상상 이상으로 받아서, 엄마의 깊은 뜻을 이해할 수 있게 되었다.

나사의 인적자원이 나에게 얼마나 큰 힘이 되었는지, 내가 베푼 선의가 뜻밖의 호의로 돌아온 경우를 포함해서 나의 경험을 정리해보았다.

1. 점심때 식사할 장소가 마땅치 않으면, 내 오피스에 오셔서 식사하시라고 건넨 한마디에, 건물 청소를 해주시는 아주머니와 나는 친구가 되었다. 각 방의 쓰레기통을 비우시는 아주머니는 직원들의 출퇴근 시간을 누구보다 잘 안다. 아주머니가 알려주는 다른 연구원의 출근 시간은, 내가 미팅 시간을 계획하는 데 언제나 도움이 된다.
2. 카페테리아 조리사로 근무하는 친구는 "점심은 먹었어? 우리 식사 준비하느라 못 먹고 배고프겠다"라는 말 한마디에 친구가 되었다. 그 뒤부터 친구는 오늘은 어떤 음식이 특별히 맛있는지 알려주고, 덤으로 한 스푼 더 얹어주기도 한다.
3. 정문에서 근무하는 한 보안요원은 내가 크리스마스에 건넨 "오늘도 안전하게 지켜주셔서 고맙습니다"라는 카드에 친구가 되었다. 늦은 시간에 마트에서 만났을 때는 나의 개인 안전도 중요하다면서, 내 차까지 동행해주었다.
4. 출입증 신청부에서 근무하는 분은 "말을 조리 있게 잘하고 싶은데 그게 참 어렵다"고 말하기에, "영어 못하는 나도 하니까 나를 보면서 희망을 가지라"는 말에 친구가 되었다. 출입증을 집에 두고 왔을 때 임

시출입증을 받으러 가면 언제나 빠르게 처리해주어서 시간을 아낄 수 있다.

5. 나사는 다양한 전공, 경력, 기술을 가진 사람들이 밀집한 곳이다. 혼자 해결하지 못하는 일은 언제나 도움을 받아서 빠르게 처리할 수 있다. 내 멘토는 전체 미팅 시간을 잘 활용하라고 조언한다. 미팅에 모든 인적자원이 모이기 때문이다. 그때 모이는 인적자원들은 다양한 경험과 배경지식이 있는 사람들이고, 그들은 내 궁금증을 해결해주고 가야 할 방향을 도와주는 사람들이고, 미팅은 그런 일들이 가능하게 하는 장소다.

청소하는 분들이든 대통령이든, 그들이 서 있는 배경과 위치가 다를 뿐, 그들은 내가 사람으로서 연구자로서 성장하는 데 꼭 필요한 자원이다. 문제가 생기거나 도움이 필요하다면, 잠시 하던 일을 멈추고 내가 무엇을 가지고 있는지 생각해보자. 내 주위 사람들, 그 인적자원을 잊지 말고 기억하자. 내 곁에는 내게 도움의 손길을 내밀어줄 많은 사람들이 있다.

# 우리 모두에게
# 멘토가 필요하다

Everyone needs a mentor!

'멘토Mentor'는 그리스신화에서 유래한 단어이다. 오디세우스가 전쟁에 출정해 집을 비우는 동안 친구 멘토르에게 자신의 아들을 돌보며 교육을 해달라고 부탁했다. 그후 '멘토르'는 '현명하고 성실한 조언자' 또는 '스승'의 의미인 '멘토'로 쓰이게 되었다고 한다. 우리의 삶에서 돌봄을 받으며 배울 수 있는 스승이 곁에 있다면 얼마나 축복일까?

지난 12년간 나에게도 많은 멘토가 있었고, 나 역시 인턴 프로그램을 통해 학생들의 멘토가 되기도 했다. 멘토링 프로그램은 무척 소중한 경험이다. 직업, 나이, 성별, 성격 등이 다양한 이들과 멘토-멘티의 관계를 맺다보면, 업무상으로 조언을 얻고 다양한 경험을 하게 되는 것은 물론이고, 사람으로서도 성장하는 계기가 된다.

나를 돌보면서 가르쳐주고 끊임없이 관심을 가져주는 내 멘토는 나를 뿌리 깊은 나무로 성장하게 하는 흙이고, 물이고, 햇볕이다. 지금의 내 멘토는 데이비드 맥도넬이다.

데이비드는 프로그램 매니저로, 연구자로, 팀리더로 어떻게 행동하고 일해야 하는지를 몸소 보여준다. 그를 통해서 나는 배우고, 성장한다고 느낀다. 그는 나에게 물고기를 잡아주기보다 잡는 방법을 가르쳐주고, 자신이 가진 지혜와 지식을 나누는 일을 매우 즐겁게 생각한다. 가령, 내가 연구나 리더십 관련 질문을 이메일과 문자메시지로 보내면 단 한 번도 바쁘다는 이유로 메시지를 무시한 적이 없다. 바쁜 스케줄로 몇 개의 건물을 오가면서도 자투리 시간에 내 오피스를 직접 찾아와 내 질문에 상세하게 설명을 해준 다음 선약이 있는 미팅 장소로 이동한다. 나는 간혹 바쁘다는 핑계로 학생이 나에게 질문한 것을 무시하거나 간과하는 경우가 있다. 나보다 훨씬 바쁜 데이비드도 내 질문에 시간을 내어 직접 찾아와 설명을 해주는데, 나는 왜 그러지 못하는지 스스로가 한심하다는 생각이 들 때도 많다. 그래서 데이비드가 발로 움직여서 직접 자신의 지식과 지혜를 나눠주는 모습을 기억하면서, 나 역시 학생과 동료들에게 그렇게 하려고 노력한다. 데이비드는 한결같은 사람이다. 지난 몇 년간 연속으로 승진해서 지위도 높아지고 더 바빠졌지만, 늘 겸손하고, 도움을 필요로 하는 곳은 어디든 직접 찾아가 지식과 지혜를 나눈다. 나는 데이비드를 통해 어제의 나보다 더 나은 사람이 되어간다는 느낌을 받는다.

아무리 좋은 멘토가 곁에 있어도, 스승에게서 배울 마음이 없으면 좋은 것을 놓치고 만다. 적극적으로 멘토를 찾고, 찾은 후에는 보고, 배우고, 성장하자. 우리 모두에게 멘토가 필요하다. 참스승이 곁에 있다는 것은 진정으로 축복이다.

# 하느님께서 꾸짖으시는 이는 얼마나 행복한가

Blessed is the one whom God corrects!

하느님께서 꾸짖으시는 이는 얼마나 행복한가.
전능하신 분의 훈계를 물리치지 말게나.
그분께서는 아프게 하시지만 상처를 싸매주시고
때리시지만 손수 치유해주신다네

_욥, 5장 17~18절

나는 어릴 때부터 두 가지 욕심이 있었다. 배우는 욕심과 사람 욕심이다.

내가 유난히 욕심부리는 것이니, 사람에게 배우는 것이 얼마나 즐겁고 신나는 일인지는 구태여 말하지 않아도 알 것이다. 우선 사람들은 나에게 부족한 정보를 주고, 지식을 알려준다. 그리고 내가 보지 못하는 나의 모습을 거울처럼 자신들을 통해 보여줘서 내가 배울 수 있게 한다. 간혹 내가 잘못한 부분이나 내게 부족한 부분을 깨달을 수 있도록 직접 이야기해주기도 한다.

나를 화살처럼 날카롭고 아프게 꾸짖어주는 상사가 있었다. 어느 날은 "리더는 'should'(각오, 명령, 지시를 나타내는 말)는 쓰지 말아야 한다"고 눈물이 나올 만큼 꾸짖었다. 내 입으로 팀원들에게 "should"라고 말하는 대신에, 팀원을 존중해서 그가 스스로 "should"라는 말을 하게 해야 한다고 말이다.

그뿐만이 아니다. 상사는 내게 따끔한 가르침을 많이 주었다. "말을 많이 하면 실수를 쌓는 것이니, 말을 아끼고 꼭 해야 할 말만 해라." "휴대전화로 미팅 중간마다 시간 확인하지 말고, 시계를 차고 다녀라." "미팅 시간 10분 전에 먼저 와서 마음을 가다듬고, 팀원들이 오는 것을 맞아라." "영어 공부 열심히 해서, 전문가답게 말해라."

상사의 화살은 언제 맞아도 아파서, 나는 자꾸만 그 상사를 피하게 되었다. 아픈 화살을 피하다가 결국에는 다른 팀의 일을 하게 되면서 자연스럽게 관계가 멀어졌다. 그리고 지금 내 주위에는 화살은커녕 뿅망치 하나 없는 사람들뿐이어서, 모두가 "잘한다"고 말해주며 자꾸만 나를 춤추게 한다. 하지만 사람을 통해 배우는 기쁨을 잃어버린 기분도 들었다.

나를 꾸짖던 화살은 내가 미처 생각하지 못한 내 모습을 지적해, 이전보다 더 나은 내가 될 기회를 주는 것이었음을 그제야 깨달았다. 화살은 당장에는 아프지만 내가 그의 말을 듣고 배워서 성장할 것을 믿었기에 가능한 것이고, 내가 그 화살을 견딜 만큼 강하다는 것을 인정했기에 가능한 것이다. 상사는 결코 내가 화살에 맞아 쓰러지기를 원하지 않는다. 그랬다면 내가 무슨 일을 해도 내버려뒀을지도 모른다. 언젠가 상사와 대화를 나눈 적이 있다. 상사 주위는 뿅망치로 가득해서 누구 하나 매운 화살을 날려 그가 배울 수 있도록 도와준 사람이 없었다고 한다. 그래서 내가 그와 같은 부족함을 겪지 않고 조금이라도 더 나아지기를 바라는 마음에서 그가 가진 정보와 지식과 지혜를 나누어준 것이라고.

나를 지적하고 꾸짖던 상사의 화살이 그립다. 다음주에는 상사의 오피스에 찾아가 "시원하게 꾸짖어주세요"라고 말할 생각이다. 나를 향한 꾸짖음은, 내가 틀린 부분을 수정해서 올바른 방향으로 갈 기회를 주는 것임을 알기 때문이다.

칭찬은 당장의 나를 춤추게 하지만, 꾸짖음은 나 스스로와 세상으로부터 칭찬받을 기회를 주는 값진 것이기에 언제나 나를 춤추게 한다.

# 일 I

# 얼음깨기: 긴장을 푸는(말문을 여는) 계기를 만드는 일

Icebreaker!

모든 일에는 순서가 있다. 얼어붙은 물속에 들어가려면 일단 단단한 얼음부터 깨야 한다.

나는 늘 조급병에 걸려 산다. 한 번에 문제를 해결하려 하고, 단숨에 좋은 논문을 내려 하고, 한 방에 굉장한 일이 일어나기를 기대한다. 하지만 먼저 얼음을 깨야 물속에 들어갈 수 있고, 준비운동을 해야 얼음물에서도 살아남을 수 있다.

오늘 아침, 적어도 나 자신에게만큼은 시간낭비라고 여긴 발표를 해야 했다. 회사 관계자가 연구과제 발표를 하러 방문하는데, 아침 8시부터 9시 반까지는 일정이 달리 없으니 나더러 그 시간에 관계자를 대접하라고 했다. 부랴부랴 내 연구와 실험실을 소개하는 자료를 준비하면서, 거절하지 못하는 성격 탓에 괜한 부탁을 승낙해 아까운 시간을 낭비하게 되었다고 투덜댔다.

20분가량 커피와 도넛을 함께 한 잡담 후 40분가량 내가 준비한 내용을 발표하고, 실험실 소개 투어도 30분 정도 했다. 적어도 한 시간 반의 내 금쪽같은 시간을 손님을 접대하는 데 썼다. 세미나는 11시 예정이었는데, 나에게 이 큰 짐을 넘겨준 친구가 심지어 발표를 보러 오라고 초대했다. 거절도 못하고 불만은 더욱 쌓여갔지만, 다행히 세미나가 열리는 곳이 센터 식당이 있는 건물이어서, 점심을 사러 가는 길에 잠시 들렀다. 회사 관계자의 발표는 지금 내가 진행중인 연구와 앞으로의 연구 계획과도 밀접하게 연관이 있는 중요한 내용이었다. 생각지도 못하게 발표를 즐길 수 있었고 나에게 큰 도움이 되는 시간이었다.

그제야 왜 내게 그 회사 관계자의 방문 접대를 부탁했는지, 친구의 의도를 알 수 있었다. 얼음깨기였구나…… 내가 진행하는 연구와 관계가 있다고 판단하고, 그 연구 발표자의 빈 시간에 특별히 나를 불러주었던 셈이다. 그 덕에 처음 만난 분이었지만 낯선 거리감을 자연스럽게 지우고, 말을 트고 인사를 나눌 수 있었다. 비슷한 연구를 하는 사람이니 언젠가 도움이 필요하거나 협력자로 서로 찾을 수 있지 않겠느냐는 것이 친구의 의도였다. "아, 이런 연구를 진행하고 있는 친구가 나사에 있지" 하고 기억하고 연락할 수 있는 정도. 친구는 나에게 그 관계의 얼음을 깰 수 있는 한 시간 반의 기회를 선물한 것이다.

조금씩 쌓아가자. 단단하고 두꺼운 얼음을 깨는 데는 시간이 걸릴 수도 있고, "뭐 이리 일이 느려터지냐"며 핀잔이 늘어날 수도 있다. 하지만 서로가 상대를 기억하고, 각자의 분야에서 최선을 다해 연구하는 한 언젠가는 큰 것을 같이 이루는 날이 있을 것이다.

Icebreaker! 시작은 아주 어려울지 몰라도, 일단 얼음에 금을 내면 내가 힘주어 깨지 않아도 얼음은 알아서 갈라진다. 그리고 얼음을 깨야, 낚싯바늘을 물속으로 넣을 수 있다.

작은 것이 모여야, 한 방이 온다. 인생은 흘려보내는 것이 아니라, 서서히 쌓아가는 것이다.

## 물고기를 주면 하루를 먹일 수 있지만, 물고기 잡는 방법을 알려주면 평생을 먹일 수 있다

Teach a man to fish, and you feed him for a lifetime

시간에 쫓겨 글을 쓰다보면 종종 의미 전달에 필요한 가닥만 잡아놓거나, 손그림을 그리거나, 대충 초안을 써서 글 잘 쓰는 사람에게 보내 리뷰를 해달라고 하거나, 실험 장치를 만들어달라고 부탁한다. 말이 좋아 도와달라는 거지, 엉터리로 대충 해놓은 것을 떠넘겨 멋지게 만들어달라고 하는 것이나 다름없다. 물론 그들의 시간과 손을 거치고 나면, 글은 유려해지고 장치는 멋지게 완성된다. 그리고 그들의 실력은 계속 늘고, 나의 엉성한 실력은 제자리에서 맴돈다. 결국 나는 물고기 잡는 법을 배우지 못하고, 누가 잡아주는 물고기만 얻어먹는 셈이다.

함께 일하는 스캇 아저씨는 내가 존경하는 기술자이다. 내가 센터 내에서 특히 존경하는 직업 중 하나가 기술자인데, 그들은 발이 먼저 움직이고 손으로 일을 한다. 그들의 경험은 아주 다양하고, 기술은 상상 이상으로 정교하다. 아저씨는 언제나 아무리 시간이 오래 걸리더라도 내가 스스로 할 수 있도록 가르친다. 물론 아저씨가 물고기를 잡아주면, 아저씨나 나나 서로 수고도 덜고 시간도 덜지만, 아저씨는 인내를 가지고 나에게 물고기 잡는 법을 가르친다. 먼저 방법을 설명해주고, 보여주고, 따라하게 하고, 다음에 혼자 할 수 있도록 격려하고 돕는다.

이번에는 지독하게 추운 겨울 날씨에 터져버린 물 파이프 라인을 수리하는 일을 배웠다. 벽에 구멍을 내서, 라인이 어디에서 고장났는지를 확인하는 방법부터, 여분 길이까지 고려해 라인을 잘라내고, 잘라낸 두 라인을 연결할 파이프를 자르고, 두 종류의 접착제를 섞어 파이프들을 붙이고 말리는 작업이었다. 이처럼 늘 내가 직접적인 원인을 찾아내고, 다음에 같은 문제가 생기지 않도록 이해해서 작업할 수 있게 가르쳐준다.

그리고 스스로 할 자신감이 생길 때까지 가깝지도 멀지도 않은 거리에서 내 곁을 지켜준다. 내게 도움이 필요해 보이면 언제든지 달려와서 "What can I do for you(무엇을 도와줄까)?"라고 묻는다. 넉넉하고 너그러운 마음의 스캇 아저씨는 나누는 것을 즐기고, 타인이 성장할 수 있도록 도우며, 상대가 배운 대로 잘 해낼 거라는 믿음으로 가르쳐준다.

누군가를 진정으로 생각한다면, 그들이 실수하고 또 실수하더라도, 스스로 해결할 수 있도록 가르쳐주어야 한다는 것을 스캇 아저씨한테 배웠다. 평생 먹고살 방법을 알려주는 것이기에 평생 고마움을 잊지 않을 것이다.

# 미루지 말고 지금 당장 하고, 주고, 도와라

Do, give, help it now, not tomorrow!

일 잘하는 방법에 대해 치열하게 고민하던 때가 있었다. 답을 찾기 위해 일 잘한다고 소문난 사람들을 관찰했다. 내가 보기에 그들에게는 공통점이 하나 있었다. 당장 할 수 있는 일과 시간이 걸리는 일을 분류하는 것이다. 읽고 바로 회신할 수 있는 이메일처럼 당장 할 수 있는 일은 미루지 않고 그 자리에서 한다.

내가 아무리 바빠도 주기적으로 찾아뵙는 분이 있다. 나사에 계신 최상혁 박사님이다. 언제든 찾아오는 이를 반갑게 맞아주시는 분인데, 언젠가 한번은 "메일을 쓰고 있으니 잠시 기다려달라"고 하시고는 하던 일을 계속하셨다. 잠시 후, 메일을 다 보내셨는지 환하게 웃으면서 "오랜만에 얼굴 보는구나" 하고 인사하시는 박사님의 얼굴에서는 해야 할 일을 마친 홀가분함이 느껴졌고,

나 역시 편한 마음으로 뵐 수 있었다.

최박사님은 "지금 도울 수 있다면 돕고, 지금 할 수 있다면 바로 처리하자. 어차피 내일이 되면 그만큼 일은 또 생긴다"고 말씀하신다. 도움을 요청한 이웃에게 "내일 다시 오라"고 말할 수는 없지 않은가! '나중에 해야지' 하면, 나중에는 또 나중의 일이 생기고, 그다음에는 또 그다음의 일이 생긴다. 처리하지 못한 일들은 불어나고 쌓이기를 반복하면서 당장의 업무에도 지장을 준다.

지금이 바로 해야 할 시간이다.

# 모든 일이 우선순위다

Everything is a priority!

집안일처럼 연구실 일도 절대로 그 양이 줄어드는 법이 없다. 일은 항상 늘어나기 마련이고, 오늘 안 하고 내일로 미루면, 오늘 할 일과 내일 할일이 더해져 일은 두 배가 된다.

어느 날 일을 잔뜩 쌓아놓고 "정말 뭐부터 해야 할지 모르겠어. 뭐가 우선이지?"라고 고민하며 푸념하는 내게 동료가 해준 말이 있다.

"답은 너무 간단해. 네가 하는 모든 일과 너에게 주어진 모든 일이 우선순위priority야. 다만 지금 당장 제출해야 하는 일부터 하면 돼. 그리고 그다음의 일이 우선순위가 되는 순간까지 준비를 게을리하지 않아야 하고."

맞는 말이다. 우선 내 앞에 기한이 정해진 일이 우선순위다. 그리고 잠시 뒤로 밀어둔 일이 우선순위가 되는 기한이 다가올 것이다. 그러니 결국에는 모든 일이 우선순위이다.

무슨 일부터 해야 할지 고민할 시간에 하나씩 해나가다보면, 우선순위의 일들이 차근히 줄어드는 게 보일 것이다.

# 엄마의 밥상

Mom's Cuisine!

엄마의 음식이 맛있는 이유는 음식이 맛있을 때까지 간을 하기 때문 아닐까. 그런 정성과 그런 노력이라면 맛이 없을 리가 없다.

올해 초 한국 업체 엔지니어분들이 장비 납품과 관련해서 나사에 방문했다. 오후 6시가 되면 모두 퇴근하고 주말이면 센터 출입이 안 되니 일을 서둘러 처리할 거라고 여겼다가 생각보다 시간이 많이 걸리자, '나사는 모든 일이 천천히 진행되는 느린 곳'이라는 생각을 한 듯했다. 그런데도 일이 무리 없이 진행되어 시간 안에 다 처리된다면서 신기해했다. 내가 이곳에서 처음 일하면서 느꼈던 '느려터짐'을 똑같이 느낀 듯했다.

하지만 내가 여기에서 배운 것은, 이들은 '엄마의 밥상'처럼 일한다는 것이다. 시간의 양보다는 업무의 질을 높이면서 주어진 일을 정해진 시간에 해내는 것이다. 종종 급하게 일을 처리한다고 주말에 나와보면, 나보다 먼저 와서 일하는 사람들도 많고, 미팅을 하고 있는 경우도 있다. 물론 그들에게 강요는 조금도 없다. 모두가 자신의 결정이다. 이미 맛있다고 말하는 나에게 더 맛있게 뭐라도 하나 더 넣어주려는 '엄마의 밥상'처럼, 그들은 그렇게 일한다.

누군가는 나에게 이런 말을 하기도 했다. "기도가 이루어지는 이유는 이루어질 때까지 기도를 하기 때문이다." 모든 일을 '맛있어질 때까지' 끈기를 가지고 해보자. 엄마의 밥상처럼.

# 관찰하는 것의 강력한 힘

The power of observation!

어려서 나는 말이 없는 아이였다. 학교를 다니고, 사회생활을 하면서, 말이 얼마나 중요한 역할을 하는지 알게 되었고, 일부러라도 말을 해야겠다고 생각했다.

말을 잘 한다는 것은,

1. 꼭 해야 할 말을

2. 꼭 해야 할 상대에게

3. 꼭 맞는 타이밍에

하는 것인데, 어떻게 하면 말을 잘할지 고민이었다. 그래서 나사에서 소위 말 잘한다고 알려진 사람들의 발표 자리는 빼먹지 않고 참석해서 많이 듣고 관찰했다.

그렇게 해서 말 잘하는 사람들에게서 찾은 공통점이 있다.

1. 첫째, 둘째, 셋째 식으로 내용의 핵심을 순서를 정해서 말한다.
2. 바로 답변하기 곤란한 질문이거나 시간적 여유가 필요한 답변은 "잠시만 실례해도 될까요May I excuse little?"라고 말한 뒤 충분히 생각하고 답한다.
3. "노!"라고 단도직입적으로 말하지 않고, 우회적으로, "네가 여기서 신중했으면 좋겠어You need to be careful here"라고 말한다.
4. 언제 어디서나 큰 그림을 보고 이야기를 한다(현재 진행 상황, 당면 과제, 새로운 방향 등을 늘 염두에 둔다).
5. 말을 할 때 특별한 버릇이 없다. "음" "실은" 이런 말들을 습관처럼 많이 쓰는 사람들이 있는데, 말 잘하는 사람들은 이런 버릇이 현저히 적다. 가령 영어 사용자 중에는 "사실은actually"이라고 버릇처럼 말하는 사람들이 제법 있는데, 이렇게 말하는 것은 마치 "실은"이라고 말하지 않은 모든 말은 사실이 아니라는 것처럼 들리기까지 한다. "사실은"이라고 써야 할 경우에는 "근본적으로essentially"라고 쓰면 좋다. 특히 적절한 때에 잠시 말을 멈추어 군더더기 말들을 피한다.
6. "이게 다야('That's it' 혹은 'That's all')?"라는 의미의 말은 절대 하지 않는다.
7. 좋은 질문을 받은 경우에는 "아주 좋은 질문이다That's an excellent point"라고 말해, 질문자와 계속해서 상호관계를 이어간다.
8. 가정assumption이나 예외 상황exception에 대해서 구체적으로 제시한다(자신이 하는 실험이나 모델에 대한 가정을 확실히 알고 말함으로써 자신의 한계를 인정한다).

9. 이야기 중에 질문을 받았는데, 조금 뒤에 다시 언급할 내용이라면, “잠시 후에 설명해드리겠다I will come back little bit later”라고 말해서 ‘내가 당신의 질문을 무시하지 않고 기억한다’는 것을 알려주고, 진행 중인 말을 계속해서 이어간다.

10. 질문을 완벽하게 이해하지 못했을 경우에는 질문한 사람을 호명해, 질문한 내용이 “이런 의미가 맞는가” 혹은 “내가 이해한 것과 비슷한 질문인가” 확인한다.

11. 주어 선택을 잘해야 한다. 특히, 강조하고자 하는 것을 주어로 써서, 의미를 강조한다.

12. 늘 겸손하게 말하고, 진심으로 상대를 대한다.

13. 모르는 것에 대해서는 모른다고 솔직하게 답한다.

14. 일정한 톤을 유지하면서, 말의 속도를 너무 빠르거나 느리게 하지 않도록 조심한다.

15. 적절한 질문을 찾기 위해 최선을 다한다. 가령 협력을 희망하는 회사 사람에게 “이런 거 만들 수 있느냐”고 물어보지 않고, “당신 회사의 철학은 무엇이냐”고 물어본다.

16. “약속이나 계약이 필요한 일이 아니고, 기회를 주는 일이야No commitment, It is the opportunity”라고 확실히 말해준다.

17. 팀원들에게 혜택을 적절하게 준다. 예를 들어서, 특정인을 여러 명에게 소개할 경우, 소개할 사람의 이름을 부른 다음에 그 사람에게 손을 들거나 일어나달라고 한다. 그러면 그 사람이 일어남으로써 모두가 알게 된다.

18. 긍정적인 단어를 많이 쓴다.

19. 자기의 계획과 스케줄을 언제나 확실히 전달한다. 이렇게 하면, 내 부재로 인해 업무가 늦어지거나 지장받는 일을 최소화할 수 있고, 내 빈자리를 대신할 사람에게 미리 필요한 것들을 준비할 시간을 준다.

내가 관찰해서 정리한 위의 내용만이 정답이라고 할 수는 없다. 일부 내용은 '말 잘하는 방법'과 조금 거리가 있어 보일지도 모르겠다. 하지만, 적어도 '어떻게 하면 말을 잘할까? 어떻게 의사소통을 잘할까?' 하고 고민한 내가 실천해본 방법들이고, 실제로 도움이 되었다.

여기에서 중요한 것은 관찰의 순환구조이다. 즉, 관찰하는 것에 그치지 말고, 관찰한 것을 본인의 삶에 적용하고, 상대의 반응에 대응하고, 이러한 순환을 기반으로 관찰 내용을 본인에게 맞도록 조절해나가는 것이야말로, 본인의 삶까지 관찰하는 진정한 의미의 관찰이 아닐까 한다.

# 맛있는 식당이 되자

Be a delicious restaurant!

2014년, 새로 구성된 팀에 자진 합류해 이전에 경험하지 못한 새로운 연구를 시작했다. 그때가 아니면 새로운 연구에 도전할 기회가 없을 거란 판단에서 내린 결정이었다. 지금 와서 생각해보면 새로운 경험은 생각보다 힘들었지만, 많은 도전을 시도한 가치 있는 시간이었다. 새롭게 연구를 시작한 나에게 선배는 "네 스스로 맛있는 식당이 돼야 하는데, 너라면 어떤 식당에 또 찾아가겠니?"라고 물었다.

당시 내가 찾은 대답은 이랬다.

1. 식당의 기본인 맛에 충실해야 한다.

— 기본적인 일은 당연히 잘해야 한다.

2. 다른 식당과의 뚜렷한 차별화가 있어야 한다.

—다른 데는 없는 특징이나 장점이 필요하다. 오로지 그 식당에서만 파는 음식이 있다면, 시간을 내어 찾아가볼 이유가 충분하다.

3. 지속적으로 발전하고 홍보해야 한다.

—끊임없이 새로운 것을 개발해서 경쟁력을 키우고, 이를 널리 알려야 한다.

4. 동료들에게 친절해야 한다.

—함께 일하는 사람들을 존중하고, 그들이 신이 나서 일을 하게끔 조력하고 협력해야 한다.

5. 단골 관리에 철저해야 한다.

—협력 관계자와의 관계를 꾸준히 잘 유지해야 한다.

나 스스로가 맛있는 식당이 된다면, 먹고살 걱정은 없다.

2016년, 또다른 프로젝트를 시작하면서 나는 스스로 '맛있는 식당이 되자'고 다짐했다. 일을 잘하는 것은 너무나 당연하고, 나만이 할 수 있는 특별한 것이 있으며, 끊임없이 새로운 것을 생각해내고, 적용하고, 함께 일하는 동료들을 존중하면서 즐거운 분위기를 만들고, 새로운 팀 만들기를 주저하지 말 것…… 그것이 단골손님을 만드는 맛있는 식당인 것이다.

# 절대로 다리를 모두 태워버리지 마라

Never burn the bridge!

다리를 모두 태우지 마라! 다시 돌아가고 싶은 순간을 대비해서, 다리를 남겨두어야 한다.

강을 건너고 나서 다리를 태워버리면, 온 길로 다시는 되돌아갈 수 없다. 다리를 태우는 것은 스스로를 극한상황으로 내몰아 절박한 심정으로 싸워 최상의 성과를 올리는 군사전략으로 볼 수 있다. 다리를 태워버리면, 적은 더이상 전진할 수 없고, 아군은 물러서지 못한다. 둘은 건널 수 없는 강을 등뒤에 두고 목숨을 걸고 싸워서 이겨야 한다.

나사에서 일한 지 얼마 되지 않았을 때, 많은 시간이 소요되는 실험을 요청받고서는 꾸역꾸역 진행하느라 일하는 내내 고생한 적이 있다. 일을 마무리하면서, '다시는 저 사람 일을 돕지 않겠다'고 마음먹었다. 그런 내 마음을 읽기라도 한 듯 상사가 "인연을 완전히 끊지는 마라Never burn the bridge"라고 조언해주었다. 사람 일은 어떻게 될지 모르는 것이니까, 유일하게 돌아갈 수 있는 다리를 태워버리지는 말라는 말이었다.

언젠가 잠깐 한국을 방문하는 동안, 협력 관계에 있는 대학을 방문하게 되었다. 그때 한 교수님의 무리한 부탁을 받고, 몇 년 전의 아픈 기억이 떠올랐다. 몇 차례 구두로 거절했는데 거듭 요청을 하셔서 귀가하는 즉시 메일로 확실한 거절 의사를 밝히기로 마음먹었다. 메일을 쓰는데 몇 년 전에 상사가 해준 말이 떠올랐다. "다리를 태워버리지는 마라." 직설적이고 단호하게 "안 하겠습니다"라고 말하기보다, "지금 제 일이 스스로 감당하기에도 벅찰 정도로 많아서 교수님께서 부탁하신 일을 할 시간적 여유가 없습니다. 다만 지금의 일들이 마무리되고 여유가 생긴다면, 교수님께 연락드리겠습니다. 그때도 저를 필요로 하신다면요"라고 하는 것이 얼마나 중요한지는 말할 것도 없다. '다만'이라는 말 한마디로 다시 다리를 건널 수 있는 여지를 두었다.

사람 일은 어떻게 될지 모르는 것이니까…… 다리를 모두 태워버리지는 마라!

# 당신의 전문 분야가 아닌 곳에서 배워라

Learn from not your area of expertise!

처음 일을 시작했을 때, 상사는 일주일에 한 번씩 다양한 종류의 잡지(우주, 항공, 생명, 천체, 기계 등)를 주면서 읽어보라고 권했다. 여러 학술 모임에 소속되어 있는 분이어서 매주 매달 최신 동향의 연구를 소개하는 잡지가 많이 왔는데, 본인이 먼저 읽고 나에게 선물처럼 주는 것이다.

처음에는 잡지 내용들이 너무나 생소해서 대부분 이해되지 않았다. 그래도 상사가 준 것이라 읽은 척이라도 해야겠기에 읽고 또 읽었다. 생소하지만 동일한 용어를 각기 다른 분야의 잡지에서 접하게 되고, 나사 정책을 발표하는 데서도 보게 되니, 낯설기만 하던 전문 분야의 이야기들이 어느 순간 익숙해져 점차 흥미를 갖고 읽게 되었다. 그리고 내 연구를 하는 데도, 전혀 다른 연구 주제를 읽어두었던 것이 더러 도움이 되기도 했다. 예를 들면, 늦여름 손톱에 빨갛게 들인 봉숭아물이 첫눈이 올 때까지 색이 남아 있었다는 이야기를 듣다가, 마침 내가 새로운 소재로 염색하는 데 봉숭아물을 써보는 것처럼, 서로 어울리지 않고 그다지 닮지도 않은 두 분야를 접목할 수 있는 기회가 생겼다.

그때 이후로, 나는 다양한 분야의 세미나에 참석해서 듣고 질문하면서 새로운 분야를 접하는 데 적극적으로 임했다. 최근에는 나사 본부에 있는 변호사가 하는 세미나에 참석해서 우주법에 대해서 배웠다. 가령 "화성에서 살 수 있고, 또 실제로 살게 된다면 소유권은 누구에게 있는가" "다른 나라의 인공위성끼리 부딪치면 누구의 책임인가" 등의 질문들을 주고받으면서, 내 연구를 진행하는 데 있어 고려해야 하는 많은 것들을 배울 수 있었다.

내가 잘 아는 분야가 아닌 잡지를 보고, 발표를 듣고, 다른 전문 분야 사람들을 만나보는 것은 매우 중요하다. 내 분야가 아니더라도 다양한 분야를 접해보면, 미처 보지 못한 많은 것들이 보이는 순간이 온다. 그리고 그것을 내 연구에 적용해볼 수 있는 날이 온다. 편식하지 말고, 뉴스도 보고 드라마도 보고 스포츠도 보다 보면 모든 시청자가 공감하고 즐기는 다큐멘터리를 만들 수 있는 것이다.

# 연구윤리

Research ethics

우리의 사회에서와 마찬가지로 연구하는 분야에서도 '윤리'와 '도덕'은 연구자의 기본 덕목이다.

나는 멘토링 프로그램을 통해 학생들을 지도한 덕분에, 내 멘티로 있던 학생들이 직장을 구하거나 대학원 진학을 준비하면서 나에게 추천서를 부탁하는 일이 종종 있다.

추천서를 작성할 때, 항상 첫 문장은 나와 학생의 관계, 즉 어떻게 학생을 알게 되었고, 얼마 동안 알고 지냈는지에 대해 쓴다. 다음은 학생의 도덕적인 성향에 대해서 쓰고, 그뒤 구체적으로 어떤 연구를 했고 성과가 어떠했는지에 대한 이야기로 추천서를 마무리한다. 아무리 훌륭한 성과를 내고, 뛰어난 논문과 책을 펴냈더라도, 연구자로서의 윤리와 도덕이 그 모든 업적 앞에 있기에,

나는 학생의 도덕적인 성향을 추천서의 앞부분에 쓰는 것이다.

내가 이곳에서 배운, 연구자로서의 기본적인 윤리와 도덕은 구체적으로 다음과 같다.

1. 저작권Authorship을 정확하고 명확하게 한다. 연구 아이디어나 결과를 내는 데 있어서, 참여하고 기여한 연구원들에게 명확한 크레딧(공로한 바에 대한 인정의 표시로, 신용 혹은 명예)을 준다.
2. 학연이나 지연 등 인맥과 관련된 연결고리를 배제한다.
3. 개인정보를 소중히 다루고 기밀을 유지하며, 특수상황을 이해하고 존중해주어야 한다. 미국 정부기관인 나사에서 일하는 경우, 일 외적으로 만나는 누구와도 업무와 연관되거나 나사에서 일어나는 일에 관한 이야기를 나눌 수 없다. 기밀유지 방침이 법적으로 정해져 있다.
4. 자료를 이용한다Tap into ethics resources. 윤리와 도덕의 범주나 정의가 모호해서 명확하게 모르겠는 경우, 다양한 자료를 통해서 이해하려는 수고도 마다하지 않아야 한다. 특히 나사처럼 기밀유지에 민감한 기관에서 일하는 사람과 같이 일할 경우, 주의해야 할 사항들을 사전에 알아두어야 한다.

연구자로서의 윤리와 도덕을 바로 세운 다음에야, 연구 이야기를 하고 빛나는 결과를 낼 수 있는 것이다. 즉, 연구자로서의 윤리와 도덕은 멋진 일을 하기 위한 주춧돌인 셈이다.

# 이메일은 간결하게 쓰자

Use email economically!

나사에서 50% 이상의 대화는 이메일을 통해서 진행된다. 며칠 출장을 다녀오면, 으레 "밀린 이메일부터 처리하고 대화나누자"는 말을 꺼낸다. 수많은 대화가 컴퓨터를 통해 이루어지니 당연히 얼굴 표정을 통한 감정이나 어조, 말투tone의 표현 없이 글로 의사를 전한다.

말은 그토록 고민을 한 후에 신중하게 내뱉는데, 이메일은 얼마나 잘 준비해서 전달하는지 스스로에게 물은 적이 있다. 이메일은 한번 보내면 나와 받는 사람 모두 삭제하지 않는 한 언제든 다시 꺼내어 볼 수 있는 기록이기에, 말 만큼이나 혹은 그보다 더 단어 하나하나 신중하게 선택해서 작성해야 한다.

이메일을 잘 쓰고 적절하게 활용하는 방법은, 너무나도 당연하고 단순하지만 잊기 쉬운 것들이다.

1. 꼭 필요한 말만 전하고, 단어 선택을 확실히 한다.
2. 앞의 세 줄에 내가 전달하고자 하는 모든 내용을 간략하게 쓴다(이메일을 받는 사람이 메일 내용을 모두 다 읽어보지는 않는다고 가정해야 한다. 말이 길어지면, 전달하고자 하는 핵심 내용이 희석되어버리는 경우가 많다).
3. 공손한 표현으로 시작한다.
4. 군더더기가 되는 말들은 자제한다(예를 들어서, '아주 많은 수'라고 하기보다 '많은', '현재 시간' 대신 '지금'이라고 표현한다).
5. 회신이 필요할 경우, 확인 답장을 부탁하는 멘트를 이메일 마지막에 적는다.

말과 같이, 이메일도 정보를 전달하는 것 이상으로 소통을 목적으로 한다. 내가 전달하고자 하는 말을 더 신중하게 준비하고 적절한 단어를 써서 보낸다면, 듣고자 하는 답변과 얻고자 하는 결과를 얻을 수 있을 것이다. 컴퓨터상으로 전달하는 이메일은 마주보고 하는 대화와 달리 표정, 감정, 말투를 전달할 수 없기에 오해도 쉽다. 그러니 글을 아끼고, 이메일을 세 줄로 다이어트해 보자!

# 대인배들은 언제나 아이디어(사상)를 이야기한다

Great minds discuss ideas!

미국의 34대 영부인 엘리너 루스벨트는 이런 말을 했다.

"작은 마음을 가진 사람은 사람들에 대해 이야기하고, 보통의 마음을 가진 사람은 일어난 일에 대해 이야기하고, 큰 마음을 가진 사람은 아이디어에 대해 이야기한다Great minds discuss ideas; average minds discuss events; small minds discuss people."

누구나 곁에 있는 사람의 영향을 받겠지만, 나는 유독 그렇다. 독서가 곁에서는 책을 많이 읽는 사람이 되고, 화가 곁에서는 그림을 그리는 사람이 된다. 초등학교 시절에는 학년이 올라 짝꿍이 바뀔 때마다 짝꿍 글씨체를 닮기도 했다. 이렇다보니, 나는 어제보다 성장하고 나아지는 데 영향을 주는 사람 곁에 머물기를 희망한다. 내가 성장한다고 느끼게 해주는 사람은 대인배의 마음으로 아이디어와 사상을 이야기하는 사람들이다.

내가 일을 하다 조언이 필요할 때면 찾아가던 화학 분야 연구원이 있다. 우리의 대화는 늘 일에 관한 이야기로 시작해 사람에 대한 이야기로 흘렀다. "너 요즘 A랑 일한다며? 힘들겠다. 여간 깐깐하게 구는 게 아니잖아. 지난번에 우리팀 B한테도 그러는 거 내가 봤는데, 그 버릇이 어디 가겠어? 너한테는 안 그래?" 일 이야기인 듯 아닌 듯한 그의 질문에 어색한 웃음을 지으며 애써 일 이야기로 주제를 되돌려도, 한참 이야기를 하다보면 어느새 A에 대해 이야기하는 나를 발견하게 됐다. 의도치 않게 A의 험담을 한 기분이 들어, 일에 대한 답을 얻고 나오는 길에도 불편하고 쪼잔한 마음이 들어서 힘들었다. 나중에는 아무리 도움이 필요해도 찾아가는 것을 피하고 이메일로만 질문하게 되었다.

이와 반대의 경우도 있다. 내 동료 고드프리는 물리학자이며 몇 안 되는 내 또래 친구다. 그런 이유로 나는 소소한 이야기를 하러 종종 고드프리를 찾는다. 와이프는 잘 지내는지, 요즘 새로 시작한 운동은 재미있는지 등 나의 인사는 평범하게 시작하는데, 고드프리는 그처럼 평범한 이야기를 늘 새로운 아이디어로 바꾸는 재주가 있다. 그는 새로이 방향을 튼 아이디어 안에서 내가 자유롭게 생각을 펼칠 수 있도록 기다려준다. 물론 큰 마음으로 시작한 이야기 안에서도 사람이나 일에 대한 불평과 질책이 있기도 하지만, 큰 마음으로 시작한 이야기를 큰 생각으로 이끌어서 가장 좋은 모습, 즉 대인배의 나로 만드는 데 도움을 준다. 한번은 오피스로 찾아간 나에게 실험실 가는 길에 주웠다며 솔방울을 두 개 건네주었다. 하나는 아직 벌어지지 않았고, 하나는 활짝 벌어진 솔방울을 보여주면서, "우리 이 솔방울을 화성 거주지 디자인에 적용해보는 건 어떨까?"라고 말했다. 시간이 지나면 자동으로 벌어지는 솔방울처럼, 처음에는 작은 크기로 화성까지 운반하고, 화성에서 자동으로 열려 공간을 확보하는 집 디자인을 이야기하는 것이다. 우리의 이야기는 거기에서 그치지 않고, 솔방울을 꾹 닫게 하는 송진으로 이야기를 확장했다. 처음에는 진득하다가, 시간이 지나면 돌처럼 단단하고 유리처럼 투명해지는 송진을 접착제로 만들어 우주선 수리나 표면처리에 쓰면 어떨까 하는 아이디어였다. 그의 질문과 아이디어는 언제나 내가 작은 생각과 작은 마음으로 살고 있다는 것을 깨치게 하고 큰 마음을 품게 도와준다.

내 곁의 누군가에게 "이런 아이디어 어때?" 하고 이야기를 시작해보는 것은 어떨까? 신이 나서 마음이 부풀어오를지도 모른다. 내가 하는 습관과 행동이 바로 나이며, 그것들이 쌓여 내 삶을 이룬다. 오늘, 소인배처럼 남에 대해 말하거나 사건을 이야기하는 대신, 위대한 사람처럼 사상과 새로운 아이디어를 논해보자. 더 깊이 파고들고, 명백한 것을 넘어서보고, 사물을 의심하고, 원인을 이해하고, 해결책을 찾아내고, 생산적인 아이디어를 얻다보면 대인배의 삶에 좀더 가까워져 있을 것이다.

# 성공을 위해 타인의 업무 스타일을 이해하자

Understanding others and yourself!

나를 알고 남을 알면 백전백승이라고 했다. 나도 일을 하면서 상대방을 알고 이해하는 것이 얼마나 중요한지에 대해서 배웠고, 습관처럼 그 중요성을 학생들에게도 이야기한다.

그렇다면 남을 아는 것은 어떤 것이고, 왜 중요하며, 남을 알려면 어떻게 해야 할까?

1. 일을 함께하는 데 남을 아는 것은 그들의 작업 스타일을 이해하는 것이다.
2. 그들의 작업 스타일이 중요한 이유는, 각자 중시하는 것에 따라 작업 스타일이 조금씩 다르고, 본인이 중요하게 생각하는 것을 타인에게도 기대하기 때문이다.

3. 남을 제대로 빠르게 알기 위해서는 '관찰력'과 '대화'를 적극적으로 활용해야 한다.

새로운 사람들과 일을 시작할 때, 내가 가장 먼저 하는 것은 함께 일하는 사람들을 관찰하는 일이다.

연구원 1: 일할 때 정해진 순서를 중요시한다. 서론 본론 결론의 순서를 매우 중요시하며, 결과보다 과정을 더 중요하게 생각한다. 따라서 매일 일정한 일을 해내고, 업무에 체계가 잡혀 있다.

상사 1: 아주 작은 부분들에 특히 강하다. 꼼꼼하다는 말은 이분을 두고 하는 말이 아닐까 싶을 정도다. 가령 연구원들의 생일을 챙기는 일이나, 이름을 기억하는 일 등 업무 외적인 디테일한 부분을 무척 중요하게 생각한다. 일을 하는 데 있어서는 주어진 기간까지 연구 결과를 내는 것에 집중하고, 출퇴근 시간은 자유롭게 정한다.

연구원 2: 매우 꼼꼼하다. 실험 과정을 분 단위로 구체적으로 명시하고, 실험 준비 과정 및 조건을 꼼꼼하게 기록하고 정리한다.

상사 2: 매우 공정하다. 연구 진행 과정에서 결과나 의견을 제시한 사람을 명확히 기록하고, 공헌한 바에 대해서 크레딧을 준다.

연구원 3: 정해진 시간에 출근해, 매일같이 실험 결과와 앞으로의 연구 진행 과정을 팀원들과 나누는 것을 중요시한다.

위의 내용이 내가 함께 일했던 사람들을 관찰한 결과다. 그들

자신이 잘하는 분야를 나에게도 기대했기에, 함께 일하는 동안 나도 그들이 잘하는 분야를 더욱 잘하려 노력했다.

서로의 업무 스타일을 파악하고 그에 맞춰서 일을 하면, 어느 팀에 가든 인정받고 스트레스 없이 자신의 능력을 발휘하며 살아남을 수 있을 것이다. 우선은 다른 사람들의 업무 스타일을 먼저 파악하자!

# 우는 아이 떡 하나 더 준다

The crying baby gets the milk!

나사에서 일을 하다보면, 한국에서의 빠른 일 처리에 익숙한 나 같은 사람은 기다리다 지쳐 화가 나는 경우가 종종 있다. 일이 되기를 기다리다 화가 나면 언제나 손해를 보는 쪽은 나다.

언젠가 함께 일하던 동양인 친구가 내 성향을 알아채고는 "우는 아이에게 젖을 준다. 지금은 울어야 할 때"라고 말했다. 조용히 합리적으로 요구 사항을 말하면 상대방이 신경을 안 써주다가, 큰소리 내어 울면서 자꾸 문제를 제기해야 말을 들어주니 울어야 한다는 것이다. 그 역시 나와 동일한 경험을 했기에 자신이 터득한 바를 내게 나누어준 것이다. 물론 웃으며 "배고프다"고 말할 때 상대가 관심을 가져주었다면 굳이 울 필요도 없이 우유를 받아먹을 수 있을 것이다. 한번 울어 우유를 얻어먹어본 아이는 우유를 먹기 위해서 또다시 울 확률이 높다. 자기 스스로 만들어낸 '울음'을 통해서 어떤 '이익'을 경험했으니, 앞으로 또 그런 상황이 오면 '울음'을 통해 '이익'을 얻는 일을 당연시할 것이기 때문이다. 부모의 사랑과 관심을 제대로 받지 못하는 아이가 떼를 쓰면서 울 때만 부모가 젖을 물려주고 토닥거려준다면 아이는 점차 울고 떼쓰는 행동이 늘어가는 것과 같은 이치일 것이다.

일을 하는 데 도움이나 관심이 필요한데, 웃으며 말하는 나에게 아무도 신경을 써주지 않는 상황이라면, 울어서 상대의 관심을 끄는 것 또한 원하는 바를 얻어내는 방법임에는 틀림없다. 그렇게 관심을 모은 다음에는, 내가 왜 울어야 했는지를 말하고, 울어서 관심을 끄는 상황이 되지 않기 위해서 상대의 도움이 필요함을 말해야 한다. 여기서 다시 중요한 것은 '솔직한 대화'이다. '늘 우는 아이'가 아니라 때와 장소에 맞게 '현명하게 우는 아이'가 되어야 한다. 무슨 일이든, 나서서 구하는 사람에게 더 잘해주게 된다.

# 내가 정말 함께 일하고 싶은 사람

The people that I really like working with!

나는 혼자 하는 일에 익숙하다보니 이곳에서 함께 일하는 것을 배우면서, 누구는 이기적이라 싫고, 누구는 잘난 체해서 싫고, 누구는 말이 많아 싫고 등등 다양한 이유로 함께 일하기 싫은 사람에 대해 많이 생각했다. 그런데 정작 '내가 함께 일하고 싶은 사람'은 어떤 사람인지 생각해보지 않은 듯했다. 내가 함께 일하고 싶은 사람은 어떤 사람일까?

결론부터 말하면, 함께하는 프로젝트를 성공으로 이끌기 위해서, 일하는 개개인에게 적절한 보상acknowledgement과 지원support을 해주는 사람이다. 지원과 보상은 상대를 '존중'하는 데에서 출발한다. 일을 하다보면, 과제를 위해서 뒤에서 묵묵히 지원해주는 많은 사람이 있다. 그들의 노력은 드러나지 않기에, 그들의 수고를 보상하기 위해서는 전체 상황을 아는 사람이 최종 책임자에게 보상과 지원을 요청해야 한다. 일터에서는 보상과 지원이 고마움의 표현인 셈이다.

이러한 보상과 지원은 숨어 있는 조력자들이 끊임없이 연구를 지원하게 하는 또다른 동기가 된다. 나와 함께 일하는 대부분의 사람은 돈과 명예 이전에, 함께 일해 즐겁고, 내가 성장하는 데 도움이 되고, 나눠주는 것에 감사해하는 사람들이다.

함께 일하는 팀원이 공헌한 정도에 대해 적절히 보상하는 것은, 그들을 존중하는 마음에서 시작한다. 상대를 존중하는 것은, 나에게 집중되었던 '공功'을 상대방과 나누거나, 상대방의 '공'으로 돌리는 데 있다. 이에 더해 상대방의 시간과 결정 등 모든 것을 이해하는 것이다. 결국 함께 일하고 싶은 사람과 그렇지 않은 사람의 결정적인 차이는, 능력이 아니라 바로 성품이다. 상대를 존중하는 좋은 성품을 지닌 사람만이 진정한 내 팀을 만들 수 있다.

함께 일하면서 성장하고 싶다면 상대를 높이고 존중하는 일부터 시작하자. 일하지 말라고 말려도 팀원들이 자발적으로 할 것이다. 나 또한 나를 존중해주는 사람을 위해서는 더욱 최선을 다해 열심히 일하게 된다.

오늘도 나 자신에게 물어본다. "과연 나는 다른 사람들이 함께 일하고 싶어하는 사람일까?"

# 언제나 100%
# 이상을 주어라

Give more than 100%!

나사에서 자신의 연구 뿌리를 단단히 내린 연구원과 대화를 나눌 기회가 있었다. 그도 나처럼 미국 비자를 가지고 처음 들어온 직장이 나사라고 했다. 우리 같은 외국인 노동자가 제일 겁나는 일은, 일을 못해 '잘리면' 곧장 고국으로 돌아가야 하는 것이다. 그는 오늘의 성과를 내기까지 남들보다 더 치열하게 노력하고 일했다고 한다. 그가 나에게 해준 조언은 "상대가 100%의 일을 기대하면, 120%를 해줘라"였다. 100%가 기준점인 나에게, 그 이상의 일은 여전히 100%이지 120%는 아니었다. 더군다나 120%는 어떻게 하는 건지도 몰랐다. 그는 다시 친절히 설명해주었다. "다섯 개의 일을 하라고 하면, 여섯 개를 해주라는 뜻이야."

함께 일을 하다보면, 다양한 종류의 사람들을 만난다. 자신의 능력이 100일 때 120만큼을 발휘하려 더 애쓰는 사람도 있고, 자신의 능력 100만큼을 충실히 보이는 사람도 있고, 100은 고사하고 60이나 70정도밖에 보여주지 못하는 사람도 많다. 나 자신은 맨 마지막의 경우라고 생각한다.

이런 나에게 그는 이렇게 조언해주었다. "걱정하지 마. 당장에 네가 얼마나 열심히 일하는지 알아주지 않아도 괜찮아. 결국에는 100% 드러나기 마련이고, 누군가는 네가 100%의 일을 하고 있다고 알아줄 거야." 아마도 조바심 내는 내 모습을 알아차리고, 염려 말고 차분하게 맡은 일을 잘하라는 조언이었을 테다.

그후로는 다섯 개의 일을 받으면 늘 하나를 더 보태 성과를 내려고 노력하고 있다. 마치 처음부터 여섯 개의 일이 주어진 것처럼 일을 하다보면, 억지로 더 하는 것이 아니라 처음부터 온전히 내 일인 듯 즐기면서 할 수 있다. 그렇다고 처음부터 버거운 요구에 대해서도 그 이상을 해내라는 말은 아니다. 시간 내에 할 수 없는 일이 주어졌을 때는 '할 수 있는 것과 할 수 없는 것'을 당당히 상대에게 말해야 한다. 무리한 것을 마치 내 몫인 듯 받아놓고 반도 해내지 못하면 오히려 나에게 부정적인 요소가 된다.

나에게 100%의 일을 기대하면 120%의 일을 해준다는 마음으로 맡은 바 일에 최선을 다하자. 언젠가는 그 노력을 인정받을 것이다.

# 일을 탁월하게 해내는 비밀

The secret to excellence!

약간의 재주가 있고, 무엇인가를 열심히 하는 성격이라면 잘할 수 있다. 하지만 기가 막히게 잘하는 것excellence, peak performance은 코치 없이는 어렵다.

가끔 기가 막히게 연구를 잘하는 박사들을 만나면, '저들은 박사과정 때 어떤 조력자가 있었기에 저렇게 잘 배웠나?' 하는 생각부터 든다. 그들에게 조력자는 지도교수나 실험실 선배나 동료일 것이다. 어떤 코치를 만났는지에 따라 얼마나 잘 배웠는지 여부가 결정된다. 나는 이런 이유로 훌륭한 조력자 아래서 잘 트레이닝받은 사람을 뽑아서 데려오려고 노력한다.

훌륭한 코치 아래에서 잘 배우는 것의 의미를, 구체적으로 박사학위를 받는 과정으로 설명해보겠다. 학위는 전문성을 찾는 과정 혹은 특정 업무에 투입되기 위해 필요한 모든 기술(장비를 다루는 기술뿐 아니라 대화나 인간관계의 기술도 포함)을 배우는 과정이다. 마치 직업훈련소같이 일련의 과정을 트레이닝하는 것이다. 따라서 석박사 과정 동안 훌륭한 코치 아래에서 얼마나 잘 배우고 준비해 세상으로 나가느냐가 중요하다. 기본적으로 석박사 과정은 수업을 들으면서 연구를 하기 때문에 시간을 스스로 관리하고 조절하는 능력도 배우게 된다. 또한 과제가 주어졌을 때 계획을 세워서 보고서를 제출하는 일련의 과정도 배우게 된다.

1. 연구 주제가 정해지면
2. 연구 계획을 세우고
3. 다른 연구자들의 연구를 조사하고, 논문을 읽은 뒤
4. 내 연구에 적용해서 실험을 한다.
5. 새로운 아이디어를 내고
6. 데이터를 분석하고, 오류를 찾아내어, 새로운 방향을 제시한다.
7. 내 연구를 다른 이들에게 발표해서 내 연구를 알림과 동시에 다른 이들에게 조언을 받고, 미처 생각하지 못한 것들을 찾아낸 뒤
8. 연구 결과로 논문을 쓴다.
9. 혼자 일하는 것과 같이 일하는 것을 익히고
10. 어떤 실험을 해야 하는지 계획 세우는 일을 배우고
11. 그 외 연구 생활뿐 아니라 사회생활에 필요한 다양한 과정들을 배우고 익힌다.

이러한 일련의 과정을 익히는 덕분에, 사회에 나갔을 때 나에게 어떤 연구 주제가 주어지든 해나갈 수 있는 것이다. 물론, '기가 막히게 잘하는 것'은 단번에 이루어지지 않는다. 훌륭한 코치 아래에서 트레이닝을 받고, 사회에 나와서는 배운 대로 실천해가면서 꾸준히 내 방식을 만들어야 한다. 또한 내가 누군가의 코치가 되어서 가르침과 동시에 배우고 나날이 성장해야 한다.

'기가 막히게 좋은 것'은 없다. 다만 나날이 노력해서 어제보다 나은 오늘이 되고, 또 오늘보다 나을 내일을 준비한다면 언젠가는 '기가 막히게 나은' 내가 되지 않을까? 오늘 '어제보다 나은 나'를 만들어줄 코치를 찾아보자.

# 창의적이고 획기적인 아이디어를 지원하는 나사 프로그램

NASA Creative & Innovation program

내가 일하는 나사 랭글리센터에는 창의적이고 독창적인 과제를 지원하는 창의연구 C & I, Creative & Innovation 프로그램이 있다. 창의연구 프로그램은 어떠한 프로그램을 선정 및 지원해서, 그 프로그램을 통해 나사와 외부 산업 간에 협력 관계를 낳는 것을 목적으로 한다. 협력 관계를 이루기 위해서는 반드시 창의적이고 획기적인 아이디어가 준비되어 있어야 한다는 것이다.

창의연구 프로그램 선정 기준은 획기적인 아이디어revolutionary idea이지 점진적인 아이디어evolutionary idea가 아니라고 명시되어 있다. 또한 아홉 개의 나사 전략 기술에 부합하는 것이어야 하는데, 이는 지구 대기를 포함하고 항공 기술을 넘어 우주까지 포함하는 광범위한 분야이다. 창의연구 프로그램은 철저히 획기적인 아이디어 단계인 'Tier 1(1단계)' 프로그램과 이론이나 실험으로 아이디어 이상의 결과를 보여주는 단계인 'Tier 2(2단계)' 프로그램으로 나누어진다.

창의연구 프로그램은 나사의 모든 연구원들에게 지원 기회를 준다. 그리고 케런 테민저와 같은 성과를 내주기를 기대한다. 나사 연구원인 케런은 2001년 창의연구 프로그램을 통해 EBF3 Electron Beam Freeform Fabrication3 연구를 지원받았다. EBF3는 정밀한 금속 부품을 기존보다 적은 양의 물질과 공정 과정을 통해 제조하는 획기적인 공정 방법이다. 구체적으로, 오늘날 많이 활용되고 있는 3D(3차원)프린터 방식처럼, 전자빔을 이용해서 고체상태의 금속 와이어를 녹여 금속 구조물을 만들어내는 공정법이다. 2001년에는 3D프린터 연구가 대중적이지 않았을 뿐 아니라, 금속을 이용한 공정은 말도 안 되는 연구라는 여론이 우세한 상황이었다. 하지만 케런은 첫째로 획기적인 아이디어를 떠올렸고, 둘째로 아이디어를 논리적으로 구체화하고, 셋째로 논리를 과제 제안서에 잘 담아냈으며, 넷째로 과제 평가단에게 과제의 실현 가능성을 보임으로써, 과제가 채택되어 연구를 시작했다. 오늘날 그의 EBF3 제조 방법은 우주의 무진공 상태에서 금속 부품을 제작하는 데 중요한 기술이기에, 나사에서 적극 지원하고 있다. 2001년 케런이 창의연구 프로그램에서 지원받은 초기 자금 seed money은 20만 달러(약 2억 원)였고, 2002년에는 25만 달러(약 2억 5천만 원)였다. 그후에는 항공 프로그램으로 900만 달러(약

90억 원)를 지원받고, 우주탐험 프로그램으로 200만 달러(약 20억 원)를 더 지원받았다.

"지원받는 연구비에 따라서, 연구의 가치가 평가된다"라는 말이 있을 정도니, 케런의 연구가 얼마나 크게 평가되고, 중요한지는 더 말하지 않아도 자명하다.

케런이 창의연구 프로그램의 가장 큰 장점으로 여긴 부분은 '기회opportunity'였다. "창의연구 프로그램은 연구를 시작할 발판을 제공해주었고, 생각으로만 가지고 있던 아이디어가 실제로 가능하다는 것을 증명할 기회를 주었다."

나는 해마다 창의연구 프로그램에 지원했고, 2019년에 내 아이디어가 선정되는 영광이 주어졌다. 나도 제2의 케런이 되기 위해 아이디어를 증명하고 발전시킬 계획이다.

나사의 모든 연구원을 대상으로 창의적이고 획기적인 아이디어에 지원을 제공하는 창의연구 프로그램은 단순한 프로그램을 넘어 기회의 장인 것이다. 나사에서 지원받은 작은 연구가 튼튼한 뿌리를 내려 외부 기관에서도 지원받을 수 있을 만큼 크도록 언제나 최선을 다할 셈이다.

# 일Ⅱ

# 노력을 인정하다

Acknowledge them!

어크날리지먼트acknowledgement를 번역하면 '인정'인데, 상대방의 존재를 인정하는 행위와 언어를 아우른다. 이 인정이라는 게 무엇일까? 인정이란 감사의 표시이며, 인정받은 상대방을 기쁘게 하고 의욕을 북돋울 수 있는 기술이다. 그렇기에 일상에서는 칭찬도 당연히 어크날리지먼트의 범주에 포함된다. 그 외에도 인사를 한다든지 일상에서 자연스레 건네는 말에 이르기까지 상대의 존재를 인정하고 있다는 사실을 전달하는 모든 행위와 언어가 어크날리지먼트에 해당되는 것이다.

연구분야에서는 동료 혹은 다른 연구자가 어떤 공헌을 했는지 기억하고 있다가 그것을 명확히 언어로 표현해주거나 논문에 명시하는 것도 어크날리지먼트가 된다. 그렇다면 왜 어크날리지라는 행위가 연구분야에서 그토록 중요한 걸까? 연구자로서의 윤리와 도덕이 바로 서기 위해서는 다른 연구자를 존중하는 마음이 기반되어야 하기 때문이다. 내가 존중받고 싶은 만큼, 상대를 존중하는 마음이 바탕이 되어야 한다.

몇 개월 전, 창의적인 아이디어로 유명한 건축 디자이너를 초청해 세미나를 한 적이 있다. 그는 독창적인 아이디어를 다른 사람들에게 빼앗기지 않기 위해 정보를 공개하기 전에 미리 특허출원을 한다고 했다. 특허를 출원하는 과정이 얼마나 복잡하며 특허를 유지하는 데 얼마나 많은 비용이 드는지를 설명하면서, 아이디어 초기 단계부터 정보를 공개하는 일의 중요성을 발표했다. 뜻밖에도 그가 가장 후회하는 일 중 하나가 "특허출원을 위해 너무 많은 노력을 한 것"이라고 했다. 자신이 가진 것을 지키기 위해서 돈과 시간을 지나치게 투자했다는 것이다. 그는 자신의 것을 지키기 위해 애쓰기보다는 처음부터 공개해서 더욱 발전적인 방향으로 나아가는 것이야말로 아이디어가 날개를 달고 날아가는 방법이라고 덧붙였다. 발표 마지막에는 "그들이 나를 디자이너로서 존중한다면, 아이디어의 출처를 명확히 하고, 나에게 어크날리지먼트를 줄 것이다"라는 말도 잊지 않았다.

논문이나 책을 쓸 때, 우리는 선행된 연구의 내용을 발췌하거나 참고한다. 이때 중요한 것은 앞서 소개한 건축 디자이너의 말처럼, 발췌하고 참고한 내용의 출처를 명시하고 당사자에게 감사와 인정을 표현하는 것이다. 어크날리지먼트는 상대에 대한 예의

이고, 존경의 표시이다.

최근 한 학회에 다녀온 연구원이 자신이 최근에 진행한 중요한 연구 결과를 다양한 학회 사람들과 공유했다고 말했다. 옆에 있던 학생이 놀란 표정으로 "박사님, 그렇게 중요한 연구 내용을 다 공유해서, 다른 연구자들이 모방하면 어떡해요?"라고 질문했다. 그러자 연구원은 "그 연구자들이 나와의 대화와 우리의 연구를 존중한다면, 설령 우리 연구를 그대로 따라 하더라도 어크날리지먼트를 달아줄 것이다. 그것이 바로 연구윤리research ethic다"라고 말했다. 한마디로, 노력을 인정acknowledge them해주는 것이다.

출처를 표기하지 않고 다른 이의 연구를 따라 하는 것, 모방하는 것, 그리고 마치 내가 한 연구인 척하는 것은 상대를 존중하는 마음이 없을 때 이루어지는 행동이거나, 양심을 판 도둑질이다. 상대를 존중한다면 각주note나, 참고문헌reference을 써서 출처를 확실히 적어야 한다. 물론 찾아내지 못했던 선행 연구가 있을 수 있고, 그래서 참고문헌으로 쓰지 못할 수도 있지만, 최소한 내가 알고 있는 최상위의 선행 연구를 출처로 명시해야 한다. 적절한 어크날리지먼트를 주는 것은 연구원으로서의 기본 소양이다.

연구윤리가 바로 선 사람들과 일을 하면, 모든 연구 정보를 공개하더라도 아이디어가 도용당할 것을 염려하지 않아도 된다. 내 것을 나누면 더 발전된 연구로 함께 성장하게 될 것이다.

# 질문만이 답을 얻는다

Question is everything!

우리는 늘 질문을 한다. 질문은 호기심의 표현이거나, 답을 구하기 위한 것이거나, 혹은 처음 만난 사람과 어색한 분위기를 풀기 위한 대화의 시작이기도 하다. 결국 '다른 사람이 알고 있는 것이 무엇인지' 궁금할 때, 혹은 '다른 사람을 알고 싶을 때' 질문을 하는 것이다.

나사에서의 근무는 수없는 질문과 자문의 연속이다. 질문을 하면 할수록 '질문은 매우 높은 난도의 기술'이라는 것을 느낀다. 또한 질문의 기술은 훈련으로 향상될 수 있다는 것도. 지금껏 내가 배운 질문의 기술은 이러하다.

1. 정해진 답이 있거나 답변이 뻔한 질문은 하지 않는다.

어쩔 수 없이 이런 질문을 해야 할 때는 선택사항을 질문에 담는다. 나사에서는 우스갯소리로, 보안이나 안전 관련 담당자에게 질문할 때는 "yes"를 기대하는 질문은 하지 말라고 한다. 왜냐하면 언제나 대답은 "no!"이기 때문이다. 안전이나 보안에 관련된 질문은 답변의 폭이 매우 좁다. 이런 경우, 수락이나 허락의 의미인 "yes"를 받아내기 위해 뻔한 질문을 하기도 하고, 선택 가능한 사항을 질문에 담아서 하기도 한다.

2. 잘 듣는다.

질문의 목적은 내가 모르는 것을 상대를 통해 알아내는 것이다. 하나의 질문으로 굉장한 무언가를 배우게 될지도 모른다. 그렇기에 상대방의 대답을 놓치지 말고 잘 들어야 한다. 또한 상대의 말 속에 내가 해야 할 다음 질문들이 담겨 있기도 하다. 이 기술은 세미나나 강의처럼, 즉석에서 능동적으로 질문을 해야 할 때 특히 필요하다. 나는 들으면서 메모를 하고, 메모하면서 상대의 말과 나의 질문거리를 정리하는 편이다.

3. 적절한 질문을 찾는 데 시간을 써야 한다.

좋은 질문은 무엇일까? 질문받는 사람이 자연스럽게 대답하고 싶어지는 질문이거나, 답을 모르고 있더라도 서로에게 새로운 깨달음을 주는 질문이다. 미처 생각하지 못한 내용을 질문받으면, 일단 '확인'하고 '다음부터는 이렇게 해봐야겠다'는 행동이 연쇄적으로 일어난다. 이처럼, 좋은 질문은 질문하는 사람뿐 아니라, 질문받는 사람에게도 깨달음을 준다.

4. 짧은 문장으로 질문한다.

당면한 문제나 현상은 복잡하고 구체적일지라도 질문은 짧고 단순하게 하자. 질문이 간단하면 대답의 폭이 넓어진다. 짧은 질문을 통해 제한적이지 않고 다양한 답변을 기대할 수 있다. 과학적인 질문은, 질문 자체는 아주 간단하지만 답은 복잡하기에, 연구자로서 내가 특히 중요하게 생각하는 기술이다.

5. 질문이 있으면 망설이지 말고 질문한다.

세상에 정답은 없듯, 틀린 질문도 없다. 그것이 내가 배운 가장 큰 질문의 기술이다. 궁금한 것은 넘기지 말고 바로 질문하자.

질문은 경청하는 사람에게 주어진 특권이다. 질문하기에 가장 좋은 타이밍은 없다. 질문할 시간은 스스로 찾아야 하고, 구해야 한다. 질문에 익숙하지 않은 사람이라면, "질문을 해도 되겠느냐"고 먼저 양해를 구하고 질문하기를 추천한다. 세미나나 강의 중간에 질문이 있으면, 나는 손을 들어 질문이 있음을 표현한다. '좋은 질문'만 생각하다가, 혹은 '완벽한 타이밍'만을 찾다가 질문을 못하는 일은 없도록 하자.

# 성공을 위한 비법: 이름을 잘 기억하자

Secret of success: Remembering names

언젠가 동료가 어느 연구원 이야기를 하면서 "그분은 사람 이름을 잘 기억하는 능력이 있어서 성공할 거야"라는 말을 했다. 외국 사람의 이름은 아무리 들어도 잘 기억나지 않는 나인지라 '사람 이름을 잘 기억한다니 부럽다'는 생각이 드는 한편, '이름을 기억하는 거랑 성공이랑 무슨 상관이 있는 거지?'라는 생각이 들었다.

하지만 지금은, '이름을 기억하는 것'은 단순한 성공 비법 이상의 마법을 가지고 있다는 사실에 공감한다. 이는 사람에게 이름이 놀랄 만큼 중요한 의미를 가지고 있기 때문이다. 이름은 개개인을 차별화하고 특별한 존재로 만들어주기에, 상대가 내 이름을 기억한다는 것은 내 중요한 의미를 잊지 않고 기억한다는 것이다.

내 이름 '현정'은 '밝은 나라를 만들라'는 뜻으로 부모님께서 지어준 이름이다. '마틴 루터킹 주니어'처럼 이름 뒤에 '주니어'가 붙는 경우에는, 누구의 '2세'라는 뜻으로 마틴 루터킹이 아버지이고 마틴 루터킹 주니어는 그 아들로, 이 둘은 별개의 사람이다. 가족 중에 존경하거나 특히 애착이 가는 사람의 이름을 따라서 주니어로 짓는 경우가 적지 않다. 이처럼 이름은 낱말 이상의 것으로, 가족, 역사, 가치관 등의 의미를 내포하고 있기에, 누군가가 내 이름을 기억해주면 소중한 내 의미를 기억해준다는 느낌도 받게 된다.

나 역시 상대가 내 이름을 기억해주었을 때, 내가 존중받고 인정받는다는 느낌을 받는다. 상대방의 이름을 기억하는 것은 타인을 대하는 훌륭한 태도일 뿐 아니라 성공을 위한 기본이기에, '나는 이름 외우는 재능이 없어' 하고 포기하지는 않았으면 한다.

나는 나만의 5단계 기억법을 터득했다.

그 5단계란, 귀로, 눈으로, 입으로, 손가락으로, 컴퓨터로 기억하는 것인데, 일단 새로운 사람을 만나 내 이름을 명확한 발음으로 소개하는 것에서 시작한다. 내 이름을 소개하고 나면 자연스럽게 상대방도 자신의 이름을 알려준다. 이름을 잘 알아듣지 못했다면 "미안하지만, 이름을 제대로 듣지 못했는데 다시 한번 말씀해주시겠어요?"라고 묻고, 그래도 생소한 이름이면 "스펠링을 말해주시겠어요?" 하고 물어본다. 정확하게 이름을 알 때까지 물어보는데, 가령, "드라마 〈빅뱅이론The Big Bang Theory〉에 나오는 셸던Sheldon이랑 같은 이름인가요?" 혹은 "C로 시작하는 Cathy(캐시)인가요, K로 시작하는 Kathy(캐시)인가요?" 하고 물어보면서, 이름 트기 과정을 통해 이름을 불러본다. 그러다보면 처음 만난 사람과도 그다지 어색하지 않게 말을 트게 된다. 나는 상대의 이름을 정확하게 알 때까지 이름을 묻고 또 묻는데, 가끔은 너무 물어봐서 미안하다는 생각이 들기도 한다. 하지만 처음에 한 번 미안해지는 편이, 이름을 몰라서 대화하는 내내 미안하거나 찝찝해지는 상황보다 훨씬 낫다는 것을 깨달은 후로는 얼굴에 철판을 깔고 정확히 알 때까지 물어본다. 이때 이름을 귀로만 기억하는 것이 아니라, 늘 들고 다니는 메모장에 적어서 손과 눈으로도 다시 한번 저장한다. 손으로 기록하면서 기억하는 방식은 아주 사소한 것 같지만, 한 번에 듣고 보고 쓰면서 세 번 기억할 수 있는 비법이다.

눈으로 이름을 기억하는 방법은 카페나 편의점 등에서 명찰을 단 직원의 이름을 본 후 바로 부를 수 있다는 장점이 있다. 무엇보다 중요한 것은 대화하는 동안 상대방의 이름을 의식적으로, 하지만 자연스럽게 계속 불러 입에 배도록 하는 것이다. 시작이 어렵지 계속해서 부르다보면 이름도 익숙해지고, 오랜 시간 만난 사람 같은 기분도 든다.

위의 방법으로 단기적으로 이름을 기억했으면, 이제는 장기적으로 이름을 기억하기 위해서 '복습'을 해야 한다. 나는 사람을 만나고 집으로 돌아오면 바로 "누구씨, 오늘 만나서 반가웠습니다.

시간 내주셔서 감사합니다" 같은 상투적인 말이라도 이메일을 보낸다. 그러면서 키보드를 치는 행위를 통해 손가락으로 한 번 더 기억하고, 내 인터넷 데이터베이스에도 저장하는 방법을 쓴다. 컴퓨터에 저장한 이름은 필요할 때 언제든지 다시 꺼내볼 수 있다.

나는 이처럼 귀, 눈, 입, 손가락, 컴퓨터의 5단계로 이름을 기억한다. 일은 사람이 하는 것이고, 이름을 기억하는 습관을 통해 타인과의 관계를 더욱 단단히 하고, 이는 성공을 이끌어주는 자양분이 될 것이다.

무엇보다 중요한 것은 5단계 과정을 반복해서 자신의 습관으로 만드는 것이다. 내가 사는 주택단지 안에 있는 수영장에 출입하려면, 입구에서 거주자 카드를 안전요원에게 맡겨야 한다. 수영을 끝내고 나올 때면 안전요원이 수십 명의 카드 중에서 내 것을 기가 막히게 빨리 찾아준다. 하루는 어떻게 이름을 그렇게 잘 기억하느냐고 물었더니 "자주 해서"라는 대답이 돌아왔다. 그리고 머릿속으로 사람의 이름과 특징, 표정, 외모를 기억해둔다고 했다. 아무리 노력해도 이름을 기억하는 것이 안 되면, '내년 여름에는 안전요원 아르바이트를 해서라도 이름을 기억하도록 노력해야겠구나' 하는 생각도 잠깐 했다. 노력 없이 쉽게 얻어지는 것은 없을 테니까. 노력해서 안 되는 것도 없을 테고.

이 외에도 이름을 기억하는 재미있는 방법을 여럿 배웠는데, 가령, 학회나 미팅에서 새로운 사람들을 만나 명함을 주고받는 상황에서 명함을 당사자가 앉은 방향으로 향하게 책상이나 탁자 위에 펼쳐놓고 기억하는 방법이 그중 하나이다. 사람 이름을 유독 잘 기억하는 한 동료는 예습을 하라고 조언해주었다. 새로운 사람을 만나기 전이나 미팅을 하기 전에 참석자 명단을 미리 받아서 인터넷 검색을 통해 상대방의 기본정보를 알아두는 수고를 마다하지 말라는 것이다. 출신학교, 전공, 경력 등을 읽고 예습을 하다보면, 상대방의 이름이 익숙해지고 자연스럽게 기억하게 된다고 했다. 마치 오래 알고 지낸 사람처럼 말이다.

나는 요즘 심심치 않게 "안녕, 현정"이 아닌 "안녕, 현대"라고 시작하는 메시지를 받는다. 휴대전화에서 스펠링 자동완성 기능을 설정해놓은 탓에 'Hyun(현)'을 치면, 자동으로 'Hyundai(현대자동차의 '현대')'로 뜨는 것까지는 이해하는데, 이런 문자나 이메일을 받을 때면, 아무리 중요한 메시지라도 성의가 없다고 느껴지고, 그다지 중요하지 않게 여겨진다.

사람의 이름을 기억하고 자주 불러주자. 그러나 이름을 잘못 쓰면 곤란에 빠지게 되기도 한다. 그러니 사람의 이름을 잘, 제대로, 똑바로 기억하고 불러주자.

# 나사의
# '디테일 포지션'

Government detail position!

나사는 정식 직원인 연방정부 공무원과 외부 인력인 계약직 직원으로 구성되어 있다. 그중에서 나사 정식 직원들만 지원할 수 있는 일자리가 있는데, 바로 '디테일 포지션'이다. 이 직위는 현재 본인이 하는 일이 아닌, 새로운 책임과 의무를 부여받아서, 일정 기간(대체로 1년 이내) 동안 일을 수행하는 것을 말한다. 주어진 업무 기간이 끝나면 다시 본인의 자리로 돌아오는 것이 보편적이다. 한국에서 말하는 '태스크포스'로 볼 수도 있겠다.

최근에 같은 팀에서 일하던 친구가 디테일 포지션을 배정받아 다른 팀으로 이동했다. 컴퓨터 엔지니어인데 앞으로 1년간 엔지니어들의 행정 업무를 돕게 된 것이다. 행정은 생소한 분야이지만, 엔지니어로서의 폭넓은 경험을 바탕으로 일을 잘해낼 것이란 판단에 조직에서 마련한 기회였다. 나는 이 '디테일 포지션'이 굉장히 참신하고 좋은 기회라고 생각한다.

1. 디테일 포지션을 직역하면 '구체적인 일'이다. 일정 기간 동안 구체적인 한 가지 일을 하는 것이 의무인 직위이다. 연구, 행정, 엔지니어링을 한 번에 하는 멀티태스킹이 마치 의무인 것처럼 되어버린 일상에서, 한 번에 한 가지 일만 하는 것은 굉장한 특권이고, 내가 보기에는 마치 매일을 명상하며 지내는 것과 같다. 나는 밥을 먹을 때는 밥만 먹고, 걸을 때는 걷기만 하고, 웃을 때는 웃기만 하는 것처럼 한 번에 한 가지만 하는 것은 명상과 같다고 생각한다. 그런데 한 번에 한 가지만 하는 것은 생각보다 어려운 일이다. 보통은 밥 먹으면서 휴대전화를 보고, 걸으면서 통화하고, 웃으면서 다음 이야깃거리를 생각하니까. 디테일 포지션은 의무적으로 한 번에 한 가지 일에 집중할 수 있으니, 얼마나 좋은 기회인가.
2. 정부의 다른 기관이나 다른 팀원들이 어떻게 일하는지 배울 수 있는 기회이다. 디테일 포지션은 센터 내에서 다른 팀으로 이동하는 것뿐 아니라, 나사의 다른 센터로 이동하는 것도 가능하다. 내가 근무하는 나사 산하의 연구센터에서 나사 본부로 가는 사람도 종종 있다.
3. 일의 유연성, 융통성, 적응성을 키울 수 있는 기회이다. 새로운 팀에 필요하다면, 디테일 포지션에 있는 동안 새로운 교육과 훈련을 통해 전문적인 기술을 배울 수도 있다.
4. 새로운 환경에서 지금의 내 위치를 생각해볼 수 있는 귀한 시간이 되

기도 한다. 그래서 앞으로의 내 연구 방향과 아이디어를 정립할 수 있는 기간이 될 수 있다. 여행지에서 낯선 환경을 접하는 동안 새로운 아이디어가 떠오르는 것과 같은 효과이다.

5. 승진할 수 있는 기회가 되기도 한다. 새로운 팀에서 내 안에 잠재되어 있던 재능이 나올지 누가 알겠는가? 내가 즐겁고, 그 팀에서 나를 필요로 한다면, 1년의 디테일 포지션을 보낸 뒤, 새로운 직책으로 승진할 수도 있다.

이와 같은 많은 이유로, 나는 디테일 포지션이 좋은 기회라고 생각한다. 물론 기회가 주어졌을 때 그 기회를 얼마나 내 것으로 만드느냐는 본인의 몫이다. 무엇보다도 이런 기회를 직원들에게 제공하는 나사의 의도는 얼마나 멋진가.

# 작은 일들이 모여 놀라운 결과가 이루어진다

It is not necessary to do extraordinary things to get extraordinary results!

나사에서 진행되는 연구는 대부분 결과를 한 번에 얻기보다는 차곡차곡 쌓아가는 일에 더 가깝다. 다른 사람이 이미 발표한 연구를 재현하거나 반복적인 실험을 통해 결과를 검증하는 등 시간을 오래 두고 쌓아간다. 작은 일들이 모이고 쌓여 어느 순간 놀라운 결과가 되는 것이다.

내가 지난 수년 동안 준비한 과제를 드디어 재정지원을 받아 진행할 수 있는 기회가 생겼다. 1년이 주어졌지만, 나는 6개월 안에 성과를 내서 좀더 인정받고 싶은 욕심이 생겼다. 그러자면 최대한 실수를 줄이며 진행해야 했기에 매일 계획을 세우고, 폐기하고, 다시 계획 세우기를 반복했다. 이런 나에게 부서장Branch head은 워런 버핏의 말을 인용해서 "놀라운 결과를 얻기 위해 반드시 놀라운 일들을 해야 하는 건 아니다. 작은 일들이 모이면 자기도 모르게 어느새 놀라운 결과가 이루어진다It is not necessary to do extraordinary things to get extraordinary results"고 조언해주었다. '단 번'의 성공을 기대하는 나에게 '크고 넓게 보라'는 뜻깊은 조언이었다.

'한 방'을 기대하다보니, 나는 결과에만 모든 신경이 집중되어 있었다. 결과 중심으로 일을 하려니 매일같이 계획만 세우기를 반복하고 있었던 것이다. 결과 중심의 연구는 결과가 계획과 다르게 나오면 실패로 간주하기에, 결국에는 무슨 일부터 시작해야 할지 망설여지고 어떠한 일들도 더디게 시작하는 문제가 있다. '한 방'에만 마음을 쏟느라 일의 과정에서 얻게 되는 소소한 성공들을 잊고, 지금의 작은 성공과 과정의 즐거움도 놓치고 있었다. 연구를 하는 데 필요한 '사람, 장비, 연구비'를 하루아침에 다 갖추려는 마음에 초조했다. 사실 이 모든 것을 이미 다 가지고 있는데, 주위를 둘러보지 못하고 오로지 앞만을, 그것도 결과만을 보려 했다.

팀원들과 작은 성공을 축하하거나 과정 자체를 즐기는 것과는 거리가 먼 나를 보면서 '내가 참으로 한심하구나' 하고 생각했다. 사람, 장비, 연구비를 얻기 위해 초조해할 것이 아니라, 그 시간에 내 역할의 일을 제대로 하면, 이 세 가지가 나를 따라올 것이다. 상사가 내게 들려준 말처럼, '놀라운extraordinary 결과'를 얻기 위해 반드시 놀라운 행동을 해야 하는 건 아니다. 작은 성공들이 모여 큰 성과를 이루는 것이다. 워런 버핏도 '최고의 성공은 꾸준함에서 온다'는 것을 잘 알기에 그런 말을 했을 테다. 작은 일이라도 마음을 다해서 최선의 노력을 기울여보는 것은 어떨까? 작은 성공 안에서 순간순간 행복이 찾아올 것이다. 그러다보면 '놀라운 결과'도 자연히 따라올지도 모른다.

눈앞의 순간을 즐기자. 결코 다시 오지 않을 '지금'이다.

## 숙제를 하자

Do your homework!

내 기억 속의 숙제는 선생님이 시키면 '방과 후에 더 해야 하는 공부'와 같은 것이었다. 지금은 아이디어 혹은 과제 진행 보고 미팅에서 더이상의 진척이 없을 때 자주 쓰는 단어가 되었다. "이제 숙제할 시간이야. 숙제하고 다시 만나 이야기하자Let's do some homework."

여기서 '숙제'는 같이 모여 앉아서 대화를 나눠도 나오지 않는 답을 찾거나 아이디어를 이어가기 위해서 미팅 후 할 수 있는 다양한 일들을 포함한다. 새로운 사람을 만나 이야기를 나누거나, 관련 논문이나 책을 읽어보거나, 간단한 계산이나 시뮬레이션을 해보거나, 지금까지의 결과들을 다시 되짚어보는 등의 모든 행위를 말한다. 우리의 일을 옳은 방향으로 진행하기 위해서 스스로

하는 다양한 일들인 셈이다. '숙제'는 예습, 복습, 그리고 나를 바라보는 지금의 순간을 모두 포함하는 말이다. 가장 중요한 점은, 숙제를 해야 옳은 방향으로 전진할 수 있다는 것이다.

몇 해 전, 나는 인공위성 관련 과제에 참여한 적이 있다. 인공위성은 내게 꽤 생소한 분야였는데, 그때 센터의 한 연구원이 "인공위성 관련 리뷰 논문review paper을 써보라"고 조언해주었다. 리뷰 논문은 처음 연구를 접하는 나같은 연구자가 읽고 도움을 받을 수 있는 저널로, 대체로 국제적으로 연구 업적을 높이 인정받은 전문가들이 쓴다. 최신 성과를 망라해 자신만의 방식으로 정리하고 소화해서 의견을 붙이고 평가하는 것이다. 인공위성 분야의 전문가들이 쓴 리뷰 논문을 찾아 읽어야 할 초짜에게 리뷰 논문을 써보라는 숙제는 '도전'과 같은 것이었지만, 짧은 기간에 전문가가 될 수 있는 '기회'이기도 했다. 나는 오랜 시간을 들여서 인공위성 관련 리뷰 논문을 썼고, 짧은 시간에 인공위성에 관해 많은 것을 터득할 수 있었다.

더 많은 지식과 정보를 얻는 것 외에도, 숙제를 해야 하는 또다른 이유는 공부 방법을 배우기 위해서이다. 나는 리뷰 논문을 쓰기 위해 논문을 많이 읽기도 했지만, 센터 내의 인공위성 연구팀원들을 만나 현재 연구 동향이나 한계 등을 배우기도 했다. 나의 경우, 대화를 통해 인공위성을 배우면서, 숙제를 한다는 생각보다 친구와 만나 차 한잔하면서 이야기를 나눈다는 생각이 들었다. 그렇게 나눈 이야기를 토대로 리뷰 논문을 쓸 때는 무척 즐거웠다. 책을 읽거나 동영상 강의를 보는 것도 모두 '숙제'를 통해 자신만의 공부 방식을 배우는 것이다. 스스로 공부하면서, 공부하는 요령을 터득한다.

숙제를 하는 마지막 이유는, 조금씩 공부하는 습관을 기르기 위함이다. 공부도 훈련이 필요하고, 숙제도 습관이 되어야 한다. 숙제를 매일같이 하다보면, '남이 시켜서 하는 일'이 아닌 '내가 나를 위해 하는 발전적인 습관'이 되는 것이다. 초등학교 때 간혹 '집안일 돕기' '화분에 물 주기' '동생이랑 놀아주기'처럼 공부와는 거리가 있는 숙제도 있었는데, 이런 숙제를 내주는 이유도 이러한 활동들 모두 학생들이 옳은 방향으로 전진하는 데 도움이 되기 때문이다.

숙제를 하지 않으면 소재가 부족하다. 소재가 부족하면, 단단하고 재미있는 이야기를 할 수 없다. 단단한 이야기는 옳은 방향으로 전진하는 데 바탕이 된다. 우선 숙제부터 하고 놀자.

# 쉬운 것부터 조금씩 하기

Start with one small step!

새로운 연구를 시작하게 되었다. 혼자 연구실에서 책과 논문을 읽고, 동료들과 계산식을 만들어 시뮬레이션을 실행해가면서 드디어 첫번째 시제품을 만들었다. 시제품을 나사 실험 장비에 붙여서 작동하는지를 실험해보고 싶었다. 동작 여부도 확실치 않은 시제품을 당장 비행기에 혹은 우주선에 붙여 달이고 화성이고 보내고 싶은 내 들뜬 마음을 읽은 동료 리치가 "작은 단계부터 시작해봐Start with small step"라며, 아이가 기어다니다가 걷다가 뛰는 것처럼, 모든 것에는 순서와 때가 있다고 조언했다.

그날 리치는 카페테리아에서 점심식사를 함께 하자고 제안했다. 우주발사선 팀원들이 카페테리아에 모여 점심을 함께 한다는 것을 알고는 나를 그들과의 식사에 초대한 것이다. 리치가 발사선 팀원들에게 "이 친구가 이런 제품을 만들었는데, 너희 장비에 달아서 테스트해보는 거 어때?" 하고 나의 연구를 소개해주었고, 그때부터 식사자리는 유쾌하고 건설적인 미팅 장소로 변했다. 발사선 팀원들은 "그래? 그거 유용한 제품 같은데, 조금 더 설명해 줄래?"라고 내게 말할 기회를 주었다. 그날의 작은 발걸음 덕분에 나는 지금 우주로 내 첫 시제품을 보낼 수 있게 되었다.

아이처럼 기어다니다가, 일어서고, 걷고, 뛸 수 있게 된 것이다. 처음의 '한 걸음'이 없었다면 결코 앞으로 나아갈 수 없었을 뿐 아니라, 뛰는 방법도 몰랐을 것이다.

# 첫 단추를 잘 끼워라

Get off on the right foot!

첫 단추를 잘못 끼우면, 모든 단추를 풀고 처음부터 다시 채워야 한다. 일을 할 때 '첫 단추'는 나아가야 할 방향을 정하고 계획을 세우는 것을 의미한다. 내가 이곳에서 배운 진정한 의미의 '완벽주의'란 일의 시작이 완벽한 것이다.

나는 어려서부터 스스로 완벽주의 성향이 있다고 생각했다. '완벽주의'란 모든 일을 처음부터 끝까지 완벽하게 해내야 한다는 생각으로 아주 작은 것까지 빠짐없이 챙기고, 어느 것 하나 소홀히 대하지 않는 것이라고 여겼기 때문이다.

중학교 가정 수업 과제로 바느질을 하면서 바늘땀을 동일한 간격, 동일한 모양으로 하기 위해서 밤을 새우던 나였기에 '완벽주의 성향'이 있다고 생각했던 것이다.

나사에서 일하면서 이런 내 생각이 착각이라는 것을 깨닫게 되었다. 이곳에서 '완벽주의자'들은 첫 단추를 완벽하게 끼우는 사람이지, 모든 단추를 공들여 끼우는 사람이 아니다. '일의 시작을 완벽하게 하는 것'이 내가 이곳에서 배운 진정한 의미의 완벽주의이다. 나사의 완벽주의자들은 어떻게 옷을 만들지 구상하고, 재단하는 데 완벽을 기한다. 재단이 완벽하니, 손바느질 간격이 기계로 한 것처럼 정확하게 일치하지 않아도 옷은 완벽하게 잘 만들어졌다.

첫 단추를 완벽하게 끼우는 일은 완벽한 '전략'을 세우는 것과 같다. 전략strategy은 정해진 목표에 도달하기 위해 어떻게 나아갈지 방향을 정하는 큰 틀로, 전술tactic과는 다르다. 전술은 전략 안에서 발생하는 여러 가지 일처리이다. 나는 전술에만 완벽하려 한 것이고, 이는 완벽주의가 아니라 '꼼꼼한' 것이다.

나사에서 본 완벽주의자들은 가야 할 방향을 찾는 일에는 사소한 것까지 완벽하게 챙긴다. 일을 시작하기 전에 자신에게 끊임없이 질문하고, 필요한 정보를 모으고, 조언을 위해 사람들을 만나고, 읽고, 쓰고, 생각하기를 게을리하지 않는다. 일종의 '자기 숙제'를 하는 것이다. 자신의 질문에 모든 답변을 할 수 있을 때에야 일을 시작한다. 어찌 보면, 나사의 완벽주의자들은 자신을 끝도 없이 괴롭히는 사람으로, 꼼꼼하기만 해서 남까지 괴롭히는 사람과는 차이가 있다. 그들은 자신이 이끌 팀 혹은 자신이 맡은 일의 첫 단추를 완벽하게 끼우기 위해 자신에게 묻고 또 물어 스스로 모든 답을 찾은 뒤에야 일을 시작한다.

첫 단추부터 마지막 단추까지 꼼꼼하게 정성으로 끼울 필요는 없다. '첫 단추', 즉 일의 시작을 준비하고, 갈 방향을 정하는 일에 완벽한 것이 필요하다. 아무리 시작이 완벽해도, 일을 진행하다 보면 다른 길로 가거나 틀린 길로 가는 일이 허다하다. 하지만 첫 시작이 완벽해야, 적어도 옳은 방향으로 갈 기회가 많지 않을까.

첫 단추 끼우는 일에 완벽하기. 이것이 내가 나사에서 배운 완벽주의이다.

# 부재중입니다

Out of office!

내가 부재중일 때 상대가 곤란하지 않도록 이메일의 '부재중Out of office' 자동 메시지 설정을 적극적으로 활용하자. 내 동료들은 단기 출장이나 장기 휴가처럼 한동안 자리를 비우는 경우, 자동 답장 설정을 통해서 소통이 단절되지 않게 한다.

우리는 대부분의 업무성 대화를 이메일로 처리하는 시대에 살고 있다. 그런데 이메일을 통해 얼마나 적극적으로 상대와 소통하고 있을까? 자리를 비워야 하는 경우, 기간에 관계없이 분명 애타게 회신을 기다리는 이메일도 올 것이다. 이때 우리는 자동 이메일을 설정해서 내가 부재중이라는 사실을 알려야 한다. 이는 상대방에 대한 존중의 표현이다.

내가 주로 사용하는 자동 이메일 내용은 다음과 같다.

"저는 **일부터 **일까지 휴가(혹은 출장)이고, **월 **일에 복귀합니다. 제가 사무실을 비우는 동안 급한 업무는 ***에게(이름, 이메일 주소 남김) 연락바랍니다. 급하지 않은 업무는 제가 복귀하는대로 답변드리겠습니다. 메시지를 남겨주셔서 감사합니다."

나의 부재로 인해 업무가 중단되는 기간과 내가 다시 사무실에 돌아오는 날짜를 알려주면, 상대방은 답장 없는 이메일을 기다리지 않아도 된다. 나를 대체해서 연락할 수 있는 사람의 연락처를 알려줌으로써, 급하게 처리해야 하는 일은 원활하게 진행되도록 도울 수도 있다.

자동 메시지 설정은 다른 것에 방해받지 않고 휴식이나 출장에서 본연의 목적에 집중할 수 있는 중요한 일이기도 하다. 이메일 확인이 불가능한 해외 출장이나 휴가의 경우, '해외 출장(휴가)중이어서 메일 확인이 안 됩니다'라고 한 줄 추가함으로써, 나의 온전한 출장 업무나 휴식을 준비할 수 있다.

내 동료중 한 사람은 휴가중에 늘 '저는 지금 화성으로 여행중이어서 인터넷 연결이 안 됩니다'처럼 유쾌한 메시지를 자동 이메일로 설정한다.

자동 메시지 설정은 내 답장을 애타게 기다리는 상대방에 대한 배려이며, 온전한 휴식을 보장받기 위한 기본적인 요소다. 그러니 나 혼자 쉬는 미안함 같은 것은 훌훌 털어버리고 당당하게 '자리 비움' 메시지를 날리자.

# 날아오는 공은 피해라

You can dodge a ball!

“날아오는 공은 피해라!”

정면에서 날아오는 공을 잡겠다고 애쓰는 나에게 팀원이 해준 말이다.

공동연구를 하는 기관에서 요청한 많은 일을 처리하느라 정신없이 바쁜 일상을 보내던 때였다. 협력 초기 단계부터 근무시간을 연장해서라도 요청받은 일을 마무리하곤 했는데, 반복되는 연장 근무에 점점 지쳐갔고, 결국 공동연구 자체를 원망하는 지경에 이르렀다. 이런 나를 지켜보던 동료가 “날아오는 공을 잡으려고 하거나 맞지 말고, 피해라. 날아오는 공을 피하기 위해 멀리 달아나는 수고를 할 필요는 없다”고 조언했다. 그저 몸을 살짝 비틀기만 해도 날아오는 공을 피할 수 있으며, 내가 앞에 서 있다는 이유만으로 날아오는 공을 잡으려고 애쓸 필요도 없다는 것이다. 내 뒤에 많은 사람이 공을 받을 만반의 준비를 하고 있고, 게다가 공을 잡는 일은 오히려 그들이 더 잘하는 일일 수도 있다고.

공동연구를 시작할 당시, 나는 이미 다른 연구가 두 개나 있었고, 전체 비중으로 볼 때 공동연구에는 10%의 시간만을 투자해야 했다. 하지만 나는 내 얼굴을 향해 날아오는 공만 쳐다보며, 그것을 잡기 위해 많은 시간과 노력을 들였다. 그러다 온 힘이 빠질 때쯤에는 날아오는 공을 혼자 맞고 있었다. 동료의 조언을 곰곰이 생각하며 돌아보니 내 뒤에는 수석책임자가 있고, 그뒤에는 연구책임자가 있고, 또 그뒤에는 선임연구자가 서 있었다. 그들은 공이 자신에게 날아오기를 기다리며 공을 잡을 만반의 준비를 한 상태였다. 그들이 나를 대신해 혹은 팀을 대신해 "공을 던지지 마세요" "지금은 공을 천천히 던져야 할 때입니다" "공을 던지는 방향이 틀렸습니다"와 같은 말을 해줄 것이다. 그러니 나는 날아오는 공을 피해도 된다.

오늘은 날아오는 공을 피해서, 나보다 더 공을 잘 잡을 다른 사람에게 넘겨주자.

# 해야 할 일이 없어지지는 않는다

Your work will wait you until your return!

"제발 가라고 가라고 해도 일은 절대 다른 데로 가지 않고 너를 기다린다."

한국으로 2주간 휴가를 떠나는 나에게 동료가 한 말이다. 저렴한 항공권에 맞춘 일정 탓에 남들보다 일주일 빨리 떠나는 크리스마스 휴가가 신경쓰인 내게 건네준 배려 있는 농담이었다. 어쩌면 일중독에 빠진 내 마음을 위로하는 말이었는지도 모른다. 어찌됐건 나사 정문을 나서는 동시에 일은 잊고 잘 쉬고 오라는 고마운 마음임은 틀림없었다. '일아, 없어져라, 없어져라' 빌고 빌어도 일은 없어질 리 없고, 휴가를 끝내고 복귀할 때까지 그 자리에서 지긋하게 나를 기다릴 것이다.

나는 지금 정부 셧다운government shutdown, 미국 연방정부 일시폐쇄제도으로 장기 무급휴가 상태에 있다. 정부 셧다운은 새해 예산안 통과 시한까지 정당 간의 예산안 합의가 이뤄지지 못할 경우, 정부기관이 잠정 폐쇄되는 상태를 말하는데, 연방정부인 나사 역시 장기간 문을 닫았고, 나는 꼼짝없이 강제 휴가를 당해 업무를 할 수 없다(국경지대 장벽 설치를 위한 정부 예산 합의가 이뤄지지 않아 2018년 12월 22일부터 오늘인 2019년 1월 6일까지 셧다운이 이어졌다).

나와 마찬가지로 강제 휴가중인 동료와 통화할 때 "일은 절대 어디 안 가고 네가 돌아올 때까지 그 자리에 있어"라는 대화를 나눴다. 마무리짓고 싶은 일들과 새로 시작한 연구로 머리가 가득 찬 내게 동료는 "지금은 당장 할 수 있는 일을 즐길 귀한 시간"이라고 말했다. 이 말 덕분에, 나는 미뤄둔 일을 해야 한다는 조바심에서 조금은 벗어나 여유를 찾을 수 있었다.

"일은 어디 안 가!"

몇 해 전, 개인 사정으로 두 달을 한국에서 보낸 적이 있다. 동료가 사용할 세 달치 측정 샘플을 만들어놓고서야 겨우 한국행 비행기를 탈 수 있었다. 두 달 동안 남겨질 일 때문에 걱정을 한가득 안고 다녀왔고, 일은 두 달 동안 그 자리에서 나를 기다리고 있었다. 그때 나는 '미래를 걱정하기보다는 선물처럼 값진 지금을 살아야겠다'는 생각이 들었다. 미래를 걱정하느라 지금을 놓치지 말아야 한다고.

눈앞에 휴식이 주어지면 조바심내지 말고 여유롭게 지내보자.

일은, 해야 할 때, 할 수 있을 때 열심히 하면 된다. 일을 할 수 없는 동안 일 생각을 한다고 해서, 일이 사라져주는 것은 아니다. 그러니 일을 할 수 없거나, 할 필요가 없을 때는, 마음 편히 온전히 쉬자.

# 낙타 등을 부러뜨린 지푸라기

Straw that broke the camel's back

금요일 오후는 미팅 스케줄과 이메일을 주고받는 횟수가 현저히 줄기 때문에 미뤄두었던 일들을 처리하기에 최적의 시간이다. 4월의 어느 금요일 오후, 나는 여름학기 인턴 최종 후보자인 한 학생과 30분가량 전화 인터뷰를 마치고, 급격한 피로감에 휩싸여 주말 내내 잠을 잤다. 6개월 넘게 연구, 실험, 인턴 및 석박사 학생들 지도, 과제 발표, 학회 출장, 장비 설치 등으로 너무나도 바쁜 시간이었고, 쉴 틈 없이 지냈다. 오랜 시간 준비한 다른 과중한 업무에 비하면 인터뷰의 비중은 상대적으로 매우 낮은 편이었는데도, 나는 인터뷰를 마치자마자 다 타버린 성냥처럼 기력이 다했다.

그제야 동료인 칼럼에게 들은 "낙타 등을 부러뜨린 지푸라기

straw that broke the camel's back"라는 말이 확 와닿았다. 마지막 지푸라기의 무게로 낙타의 등이 부러진 것은 절대 아니다. 그동안 낙타의 등에 하나하나 쌓여 이미 무거워질 대로 무거워져 있는 짐들 위에 마지막으로 올린 지푸라기 하나가 낙타를 무너지게 한 것이다. 이와 같이 비중이 크지 않았던 30분의 전화 인터뷰가 지난 6개월 간의 업무 하중에 지쳐 있던 나를 무너지게 한 것이다.

'스트로Straw, 지푸라기'란 표현은 미국 문화에서 관용적으로 화근을 비유하는 말이다. 좋지 않은 상황을 만든 원인 또는 기폭제, 발화제라는 뜻이다. 그런데 그 원인이란 게 너무나 사소해서 지푸라기라는 말로 비유를 했다고 한다. 그러하기에 'Straw that broke the camel's back'은 직역하면 '낙타의 등을 부러뜨린 지푸라기'라는 뜻이고, 계속 누적되어온 끝에 급격하고 중차대한 반응 혹은 결과를 만들어낸 사소한 행동을 비유한다. 갈 때까지 가면서 끝장을 보려다가 결국 한 발짝도 못 나간 채 큰 화를 입은 상황에 쓰기도 하고, 내 피로도나 일의 강도를 고려하지 않고 '조금만 더, 조금만 더' 하면서 욕심부리다가 결국은 완전히 타버린 성냥이 된 나와 같은 경우에도 쓰인다.

옛날 아랍의 어느 마을에 욕심 많은 상인이 있었다. 이 상인의 전 재산이라고는 빼빼 마른 낙타 한 마리뿐이었다. 상인은 빼빼 마른 낙타의 등에 언제나 욕심껏 짐을 싣곤 했다. 그러던 어느 날, 짚단을 낙타 등에 싣던 상인은 평소와 마찬가지로 "한 단만 더! 한 단만 더!" 하며 욕심껏 짚단을 실었고, "마지막으로 지푸라기

하나만 더"를 올린 순간 낙타는 그만 쿵 하고 바닥에 쓰러졌다. 마지막 지푸라기의 부담과 지금까지 실은 무게를 생각하지 않았던 상인은 전 재산인 낙타를 잃고 후회했지만, 이미 때는 늦었다.

나의 피로도나 일의 강도를 고려하지 않고 '조금만 더, 조금만 더'를 외치다가 결국은 황금 같은 주말을 잠으로 보내버린 나는 후회해도 이미 늦은 것이다. 그제야 금요일 오후 미팅 스케줄을 잡거나 이메일을 보내지 않고 컴퓨터를 꺼버린 동료가 현명했음을 깨달았다. 아주 작은 무게로도 우리를 무너뜨릴 수 있는 '마지막 지푸라기'를 얹지 말고, 적절한 때에 휴식을 취하자. 그게 현명하게 일하는 방법이다.

## 누구도 왕자나 공주가 되려고 하지 않기

No prince, No princess!

내가 소속되어 있는 팀 중 규모가 가장 큰 팀은 인원이 50명이 넘는데, 언제 보아도 기름칠이 잘된 수십 개의 톱니바퀴가 힘차고 신나게 돌아가는 듯한 인상을 준다. 팀의 리더가 "이번주까지 필요한 자료가 있는데……"라고 말을 꺼내면 "내가 도울 수 있어"라고 대답하고, "주말에 장비를 돌려 실험해야 하는데……"라고 말하면 "내가 주말에 나와서 실험할 수 있어"라고 대답하는 팀원이 꼭 있다. 이처럼 팀원 개개인이 프로젝트에 대한 주인의식과 책임감을 가지고 일하는 팀을 보면, '나도 이렇게 멋진 팀을 만들고 싶다'는 생각과 동시에 '어떻게 하면 이 팀의 리더십을 배울 수 있을까' 하는 생각이 든다.

그래서 팀장인 리치에게 좋은 팀원의 자격은 무엇인지, 어떤 팀이 좋은 팀인지 물은 적이 있다. 그의 대답은 "누구도 공주나 왕자가 되려고 하지 않는 것"이었다. "왕자와 공주는 자신의 무대를 위해서, 자신이 빛나기 위해서 살잖아. 그런데 팀원 중 누구 하나도 왕자나 공주가 되려고 하지 않으면, 서로가 서로를 존중하게 되고 어떤 역할이 주어져도 자신의 일을 묵묵히 해내지."

리치의 이 대답은 나 스스로에게 '나는 무대의 주인공이 되기 위해 일하는가, 아니면 스포트라이트 한번 비추지 않는 자리에서 주어진 역할을 맡아 묵묵히 일하고 있는가?'라고 물어보는 기회가 되었다. 공주나 왕자는 언제나 자기가 주인공으로 오를 무대를 위해 쉬지 않고 스펙을 쌓고, 외모를 가꾸고, 정치를 한다. 그렇게 되면 주위 사람들은 '주인공'을 빛내기 위한 보조나 들러리 역할을 해야 한다. 하지만 그 누구도 왕자나 공주가 되려 하지 않는 팀은 어떤가? 서로가 서로를 돕고, 자신이 서 있는 자리가 어디든 '지금' 있는 자신의 자리에 감사하고, 충실하게 업무를 해나갈 것이다.

언젠가 엄마와 재미있는 주제로 이야기를 나눈 적이 있다. '어떤 사람이 리더가 되어야 하는가'라는 주제였는데, 우리의 결론은 '아쉬운 게 없는 사람이 리더가 되어야 한다'였다. 적당히 행복하고, 적당히 돈도 있고, 적당히 배우고, 무엇이든 적당히 있어서, 뭐든 크게 아쉬울 것 없는 사람이 리더가 돼야 한다는 것이다. 부족한 것이 많은 사람이 권력을 잡으면 그 부족한 것을 채우기 위해 수단과 방법을 가리지 않고 공적 자리를 남용하는 문제가 생길 수 있다. 그러니 공주나 왕자가 되는 것이 간절한 사람은 개인의 욕망을 채우느라 팀을 희생시킬 수도 있다.

과연 나는 어떠한가? 왕자나 공주가 되어서 무대의 주인공으로 서고 싶은 것인가, 아니면 평민이나 신하나 난쟁이 역할이 주어져도 만족하고 내 자리에서 최선을 다하는가. 무대의 '주인공'이 되려 연연하지 않고 내게 주어진 오늘 하루를 충실히 살아간다면, 가슴 벅찬 아름다운 날이 되리라 믿는다.

# 다른 사람의 입장이 되어보자

Put yourself in the someone's shoes

2억 원의 연구비가 지원되는 과제 제안서를 작성하던 때였다. 연구비 지원을 반드시 받아야겠다는 생각에 고민만 하느라 한 줄도 나아가지 못하고 있는데, 동료가 "다른 사람의 입장이 되어봐 Put yourself in the someone's shoes"라고 말했다. 과제 제안서를 읽고, 이 연구의 가치가 2억 원이 되는지 평가할 패널panel의 신발을 신어보라는 것이다. "Put yourself in the someone's shoes"는 직역하면 '다른 사람의 신발을 신어라' 정도이고, 의역하면 '타인의 입장과 처지를 충분히 고려해서 판단하고 행동하라'는 교훈이다. '역지사지易地思之'에 해당하는 서양 격언인 셈이다.

동료의 말을 듣고, 패널 입장에서 제안서 평가 기준을 생각해보았다. 우선 "2억 원의 가치가 있는 연구인가?"라는 질문과 "이 연구를 지원하면 기관과 미래과학과 국가에 (혹은 이걸 사면 나에게) 무슨 이득이 되는가?" 하는 기본적인 질문을 하지 않을까 생각했다. 그래서 그 질문에 답변한다는 생각으로 제안서를 쓰기 시작했다. 한 줄도 쓰지 못했던 제안서 초안이 그제야 순조롭게 쓰였다. 또한 패널 입장에서 수백 개, 수천 개의 제안서를 읽어야 한다면, 반복된 말로 길게 늘어진 글보다는 짧지만 간결하게 핵심 내용만을 전달하는 글을 선호할 거란 생각이 들어, 중복되는 내용은 걸러내고 핵심 내용만 담는 것으로 최종안을 완성할 수 있었다. 그 결과, 2억 원의 연구비를 지원받았다.

몇 년 전 수원 시장이 '세계여성의날'을 맞아 임신부 체험을 한 기사를 본 적이 있다. 7kg 무게의 복대를 착용한 채 버스로 출근하고 업무를 보면서 "덜컹거리는 버스에서 중심을 잡고 버티는 일이 힘들었다" "임신이 힘겹고 고단한 현실이라는 것을 깨달았으며 우리 사회가 임신부를 배려하는 일에 부족한 부분이 없는지 생각하게 하는 하루였다"고 말했다. 시장은 공감을 위해 임신부의 신발을 신는 노력을 한 것이다.

상대방의 신발을 신어보면 전에는 이해되지 않거나 알지 못했던 감정과 행동이 이해되고, 그 결과 둘 사이의 단절된 공간에 다리가 생기고 거리가 가까워진다. 공감을 얻기 위해, 상대방과 가까워지기 위해 고민한 과제 제안서는 보는 이의 마음을 움직일 수 있을 것이다.

# 나는 오늘 병가중입니다

I am on a sick leave today!

"당신은 일 년에 며칠이나 아픕니까?"

"당신은 정신적으로 아픈 날이 있다는 것을 인식합니까?"

"당신은 아프면 쉽니까?"

위의 질문들보다는 어쩌면 이렇게 묻는 것이 더 현실적인 질문일지 모르겠다.

"당신은 아프면 쉬어도 됩니까?"

내가 경험한 '병가'에 대한 이야기는 단순한데, '당신은 아플 수 있고, 아파도 되고, 당신이 아프다는 것은 당신이 가장 잘 알며, 아프면 쉬어도 된다'이다.

우리 팀 동료 스캇은 "감기 기운이 있는데 일하러 가서 네게 옮기면 너도 일을 못하게 되고, 그러면 우리 프로젝트에도 피해가 가니까 오늘은 병가를 냈어"라고 말했다. 실험 약속이 있던 리치는 "지난 주말에 출장을 다녀왔더니 완전히 지쳤어. 하루 쉬고 충전하고 돌아오면 즐겁게 실험할 수 있을 것 같아서 병가 냈어"라고 말했다. 미팅을 하기로 되어 있던 제니퍼는 "둘째 아이가 어린이집에 못 갈 만큼 아파. 오늘 남편은 비행이 잡힌 날이라 내가 집에서 아이를 봐야 해서 병가를 냈어"라고 메시지를 보내왔다. 제니퍼의 경우는 본인뿐 아니라 가족 병간호 시에도 사용이 인정되는 확대가족 및 의료 휴가법FMLA, The Family and Medical Leave Act(가족을 위한 돌봄 휴가 정도의 의미인데, 경우에 따라서 무급으로 사용하기도 한다)을 사용한 병가이다.

이 글을 읽으면서 어쩌면 미국이니까, 혹은 나사니까 그때그때 병가 내고 쉬는 게 가능한 모양이라고 생각할 수 있다. 물론 그 말도 아주 틀린 것은 아니다. 회사의 규모에 따라 다를 수도 있으니까 말이다. 나도 처음에는 미팅, 실험, 약속 30분 전에 갑작스럽게 알려오는 병가의 이유들이 납득되지 않았다. 그들이 너무 그럴듯한 핑계를 대고 있다거나, 내 오피스에 있는 불평 많은 화초 같다는 생각을 했다. 오피스에 있는 화분 중에 유난히 한 화분은 물 주는 것을 하루만 까먹어도 모든 잎을 축 늘어뜨리고 '나 죽어갑니다' 하고 온몸으로 표현한다. 그러다가도 물 한 컵을 주면 언제 그랬냐는 듯이 다시 잎이 활짝 편다. 반면, 다른 화분들은 잘 자라는 것처럼 보여 물 주기를 까먹고 있다보면, 어느 날 죽어 있고, 그때는 아무리 물을 주고 영양분을 주어도 살아나지 않는다. 불평 많은 화초는 절대 죽지 않는다. 죽을 만큼 아프기 전에 '나 죽을지도 모르니까 물 내놔'라고 '병가'를 요구하기 때문이다.

중요한 것은, 내 몸은 내가 가장 잘 안다는 사실이다. 그러니 자신의 몸이 하는 말에 귀를 잘 기울이고, 몸을 잘 돌보아야 한다. 또한, 나는 내 주위의 모든 사람과 엮여 있으니, 내가 아픈데도 무리해서 일하러 나오면, 좋지 못한 컨디션으로 성과를 저해하고, 함께 일하는 사람에게 병을 옮겨 부서 전체에 피해를 입힐 수도 있다. 그러니 "나 오늘 병가 내고 쉽니다" 하는 것은 나뿐 아니라 우리 모두의 안전과 건강, 업무 효율을 위해 꼭 필요하다. 또 한 가지, 간과하기 쉽지만 중요한 것은, 상처가 나서 피가 흐르는 것만 아픈 것이 아니라, 보이지 않는 마음이 아프고 정신이 아픈 것을 더 헤아려야 한다는 점이다.

병가 내고 잘 쉬고, 훌훌 털고, 힘차게 나와서 미팅하고, 실험하고, 약속 지키기를 응원하자. 그래야 용기 내서 "나는 오늘 병가중입니다"라고 말할 수 있을 테다.

# 아이디어를 표현하는 능력

All about the presentation!

물건을 파는 사람은 자신의 물건이 제값을 받고 잘 팔리기를 기대한다. 물건을 사는 사람은 잘 만들어진 물건인지 알기 위해서 상품 포장지를 유심히 살펴본다. 포장지는 물건을 보호하고, 신선도를 유지하고, 정보를 제공한다. 그리고 상품의 가치를 조절하기도 한다. 가령, 초콜릿이 금(색)종이에 포장되어 있으면 금처럼 비싼 초콜릿이라고 짐작할 수 있고, 이때 금종이는 초콜릿의 가치를 높여준다. 우리는 물건을 눈으로 보고 산다. 잘 만드는 것만큼, 잘 보여주는 것이 얼마나 중요한지 경험한 일화가 있다.

2014년, 내 멘티였던 과학고등학교 학생은 인턴십 프로그램 8주 동안 한결같이 양복에 넥타이를 매고 출근했다. 그의 멋진 양복은, 실험실에서 움직이기 편하다는 핑계로 매일 운동화에 청바지 차림으로 출근하는 내 모습을 멋쩍게 만들었다. 그가 양복을 입고 출근한 것은 아버지의 조언 때문이라고 했다. "나사에서 일하는 사람들에게 너는 인턴십에 참여한 고등학생에 불과하다. 네가 학교에서 입고 다니는 것처럼 하고 다니면, 그들은 너를 여전히 학생으로 보고 대할 것이다. 네가 얼마나 일을 잘하는지 업무 수행 능력을 제대로 판단하기 전에, 눈에 보인 대로 '학생'이라는 선입견을 가지고 일을 시킬 것이다. 하지만 네가 옷으로 격식을 차리면 상대방도 너에게 격식을 차려 대할 것이다. 네가 옷으로 평가받지 않아도 되는 위치가 될 때까지는 옷으로 격식을 차려라." 아버지가 그렇게 조언하면서, 몇 벌의 정장을 사주었다고 한다. 아버지의 조언과 투자 덕분에 나는 아직도 그 학생을 팀원 혹은 동료로 기억하지, 일 잘하던 고등학생으로 기억하지 않는다. 멋진 '포장' 덕분에 그의 가치를 스스로 올린 셈이다!

센터에서는 해마다 12월에 크리스마스 파티를 한다. 2018년 파티에서는 '자기가 제일 좋아하는 양말을 신고 자랑하기 콘테스트'를 했다. 헤리엣이 신은 루돌프 양말은 멀리서도 눈에 띄었다. 대회를 위해서 루돌프 뿔이며 빨간 코를 직접 양말에 붙이기까지 해서, 한눈에 봐도 그 양말이 일등감이었다. 적어도 콘테스트에 한 가지 규칙이 더해지기 전까지는 말이다. '15초간 자기 양말이 멋진 이유 설명하기.' 이때, 누가 봐도 평범하기 짝이 없는 두툼한 겨울 양말을 신은 사람이 자리에서 일어나 자신의 양말을 팔기 시작했다.

"이 양말로 말할 것 같으면, 다섯 켤레에 10달러로 아주 경제적이고 두툼해서 구멍도 잘 안나고 쉽게 해지지도 않습니다. 흰색과 회색이 섞여 있어서 어떤 색의 옷과도 무난하게 잘 어울리고, 좌우 구별이 없어서 짝을 찾아야 할 필요도 없어요."

누가 봐도 콘테스트에 어울리지 않는 양말을 신은 친구가 최선을 다해서 프레젠테이션을 한 반면에, 정성 들여 루돌프 양말을 만들어 신은 헤리엣은 누구나 알고 있듯이 '크리스마스에 잘 어울리는 루돌프 양말'이라고 설명했을 뿐이다. 우승은 경제적인 가격과 무난한 색상의 양말을 신은 친구에게로 돌아갔다. 말로 멋지게 '포장'한 덕분에 양말의 가치를 올린 셈이다!

버나드 바루크Bernard M. Baruch는 "어떤 아이디어를 표현하는 능력은 그 아이디어 자체만큼이나 중요하다The ability to express an idea is well nigh as important as the idea itself"라고 말했다. 그러니 아무리 중요한 아이디어를 가지고 있어도 그것을 표현할 줄 아는 능력이 없다면 소용없는 일이 된다. 적어도 제값을 받고 팔려면, 내가 가진 정보를 효율적으로 전달하는 것이 필요하다. 보여지는 것이 중요한 세상에서 '포장'이야말로 효율적으로 정보를 전달하는 좋은 수단인 것이다.

# 점심시간 미팅

Brown bag lunch meeting!

내가 특히 즐기고 자주하는 미팅 중 하나는 BBL(brown bag lunch, 갈색 종이가방에 샌드위치 등의 도시락을 싸오는 것에서 붙여진 이름)이다. BBL은 배움과 식사가 합쳐진 것으로, 점심시간에 행해지는 비공식적 만남과 미팅으로 보면 된다.

BBL은 직원들이 점심시간을 이용해서 갖는 자유로운 형태의 미팅이고, 참여자들은 미팅을 하면서 자신이 싸온 도시락을 먹는다. 내가 BBL 미팅을 즐기는 이유는 '일'을 하면서도 쉬거나 노는 만큼 즐겁기 때문이다. 책상에서 컴퓨터를 붙들고 있거나, 실험실에서 장비와 씨름하는 일상에 있어서 BBL은 변화가 된다. BBL 미팅은 무언가를 배우는 것 외에도, 동료들과 유대관계를 쌓는 데도 도움이 된다. 식사를 하면서 진행하는 미팅은 다소 딱딱한 주제의 이야기도 마치 이웃과 정답게 수다를 떨듯이 말하게 된다.

종종 일반적인 미팅도 BBL처럼 자유로운 분위기를 위해서 카페테리아에서 하기도 한다. 카페테리아는 마치 학회장 같고, 청룡영화제 장소 같다. 그곳에는 식사나 미팅을 위해서, 혹은 외부 회사 직원이나 여름 인턴 학생과의 첫 만남을 위해서 수많은 연구원과 기술자들이 모인다. 일 이야기를 하다가, 도움이 필요한 사람을 자연스럽게 다른 테이블에서 만나고, 소개받을 수도 있다. 다양하고 새로운 인적자원이 모이다보니 그야말로 각 분야 전문가들이 모인 학회나 연예인과 감독들이 가득한 청룡영화제 같은 곳 아니겠는가. 다음 작품을 위한 눈도장을 찍기에도 최적의 장소인 셈이다.

음식은 사람에게 에너지를 주고, 타인과 함께하는 식사는 그에 더해 즐거움과 만족감을 준다. 함께 식사를 나누면서 하는 미팅은 에너지 가득한 사람들과 즐겁게 하는 일이다. BBL은 식사를 하며 여유롭게 일과 관련된 많은 정보를 교환하고, 창의적인 아이디어까지 도출할 수 있는 좋은 기회이다.

다양하고 새로운 자원이 식당에 있다. 사람이 다가오고, 아이디어가 굴러오고, 내 마음속에 있던 해결되지 않은 숙제들이 한 번에 풀리는 마법같은 일이 일어날지도 모른다.

# 하일마이어의 일곱 가지 질문

Heilmeier Catechism!

내가 근무하는 센터의 과제 제안서는 두세 장 분량으로 제한한다.

제안서의 주요 내용은 타당성, 참신성, 가능성으로, 이 세 가지 항목을 잘 담아내야 한다. 최대 세 장이 되려면 한 항목 당 글자수는 2,000자 이내로 제한된다. 그렇다보니 군더더기 없이 핵심 내용만 담게 되어서, 나는 이 분량 제한이 효과적이라 생각한다. 이 두세 장의 과제 제안서로 수억 원에서 수십억 원의 과제가 선정된다.

과제의 타당성, 참신성, 가능성을 요구하는 제안서의 양식은 '하일마이어 질문Heilmeier Catechism'에 기반을 두고 있다. 이는 1975년부터 1977년까지 미국 DARPADefense Advanced Research Projects Agency, 국방고등연구기획청 과제 관리자이자 책임자Director였던

조지 하일마이어George H. Heilmeier가 만들었다. 하일마이어가 제시한 '일곱 가지 질문'은 지금까지 나사를 포함한 미국의 많은 연구기관에서 과제 제안서 양식에 적용해 사용하고 있다.

하일마이어 질문 내용은 다음과 같다.

1. 무엇을 개발하려고 하는가? 전문용어를 사용하지 말고 기술하시오What are you trying to do? Articulate your objectives using absolutely no jargon.

2. 현재는 어떻게 하고 있으며 현재 기술의 한계는 무엇인가How is it done today, and what are the limits of current practice?

3. 당신의 방법에서 새로운 점은 무엇이며, 그것이 왜 성공할 것이라 생각하는가What's new in your approach and why do you think it will be successful?

4. 새로운 연구는 누구에게 도움이 되는가? 성공할 경우 무엇이 달라지는가Who cares? If you're successful, what difference will it make?

5. 위험 요소와 대안을 통한 보상은 무엇인가What are the risks and the payoffs?

6. 예산과 기간은 얼마나 필요한가How much will it cost? How long will it take?

7. 성공을 위한 중간 점검 및 최종 시험 방법은 무엇인가What are the midterm and final 'exams' to check for success?

처음에는 두 장짜리 과제 제안서를 작성하라는 제안을 받고 '금방 쓸 수 있을 것 같다'고 생각했다. 그러나 두 장의 제안서를 완성하기까지 스무 장을 열 장으로, 열 장을 다섯 장으로, 다섯 장을 다시 두 장으로 줄여나가는 과정을 겪으면서, 기술을 단 두 장에 담아내는 것이 얼마나 어려운 일인지 알게 되었다.

두 장으로 요약해서 이야기할 수 없다면, 그 기술을 완전히 이해하지 못한 것일 뿐 아니라, 내 기술이 하일마이어의 일곱 가지 질문에 답하기에는 아직 부족하다는 것을 의미한다. 특히 일곱 가지 질문 항목에는 '위험'에 관한 부분도 있는데, 과제의 진행 상황을 눈에 그리듯 계획하지 않고서는 위험성과 대안을 예상하기 어렵다.

나는 일상에서 내 생각을 정리할 때도 종종 하일마이어의 질문을 사용한다. 상대를 설득해야 하는 상황에서도 곧잘 활용하는데, 이런 과정을 거치면 내용이 정리되면서 상대뿐 아니라 나 스스로를 설득할 근거와 자료, 정보가 모아진다.

오늘 한번 자신이 당면한 과제에 대해 일곱 가지 질문을 하고 답해보자. 이렇게 스스로 묻고 답하는 동안 생각을 정리할 수 있고, 필요한 경우에는 상대방을 설득해서 원하는 것을 얻을 수도 있을 것이다. 하일마이어의 일곱 가지 질문에 답하는 두세 페이지 분량의 과제 제안서로 수백억 가치의 과제가 선정된다!

## 연구 노트에 적자

Use your research notebook!

인턴 학생이 오면, 가장 먼저 하는 일 중 하나는 연구 노트를 주고 작성 방법을 설명해주는 일이다. 연구 노트는 연구실에서 내가 무엇을 했고, 무엇을 관찰했는지를 보여주는 영구적인 기록이다. 보편적으로 사람은 누구나 '기억의 한계'가 있기 때문에, 이런 기록은 더할 나위 없이 유용하다.

나 같은 경우는 '금방 적을 건데 잠깐 사이에 이런 걸 까먹겠어?' 하고 기록하지 않은 내용은 어김없이 까먹는다. 운이 좋으면 다시 떠올리기도 하지만, 기억을 다시 가져오기까지는 꽤 시간이 걸리기도 한다. 나중이란 없다. 지금 기록해야 한다. 기억을 저장하는 데 있어서 빠르기로 연구 노트만한 것이 없는데, 연구 노트는 어디든 가지고 다닐 수 있고, 기억력이 날아가기 전에 빠르게 적고, 그래프나 그림을 그려넣을 수도 있다. 또한 개인 고유의 필체가 고스란히 남겨지기 때문에, 나사에서는 특허권 분쟁이 일어났을 때 연구 노트를 증거물로 사용하기도 한다. 이런 이유들로 나는 학생들에게도 연구 노트를 꼭 기록하라고 말한다.

연구 노트는 자신을 보호하면서, 크레딧을 챙기는 방법이기도 하다. 종이 노트라 다소 옛스러운 방식 같지만, 지금의 내 연구를 위해서도 중요하고, 미래에 내 연구를 이어서 하거나, 몇 년 혹은 몇십 년 후에 검증이나 재실험이 필요할 때도 유용하게 쓰인다.

나는 종종 '요리법'을 적듯 연구 노트를 활용하라고 말하는데, 김치 담그는 방법을 적을 때 배추, 무, 파, 고춧가루 등의 재료 준비부터, 배추를 소금에 몇 시간 절이고, 고춧가루를 얼마큼 넣고, 파와 마늘 중에서 무엇을 먼저 넣는지 등을 눈에 보이듯이 상세하게 적고 활용하는 것처럼 해야 한다. 물론 말로 설명이 어려운 부분은 그림으로 그리거나, 실험 과정들을 순서대로 혹은 시간차를 두어 사진을 찍은 뒤 연구 노트에 붙여서 기록한다.

나사의 연구 노트에는 중요한 부분이 있다. 종이 오른쪽 맨 위나 맨 아래에 날짜와 사인이 들어가는 부분이다. 언제 기록했고, 작성한 사람이 누구인지 확인이 가능하다. 나는 마치 숙제 검사하듯 가끔 학생들의 노트를 보고, 고칠 부분을 알려준다. 물론 그들에게 노트 쓰는 방법을 알려주는 것은, 그들이 인턴 과정을 끝내고 돌아간 뒤 그들의 노트를 가지고 일을 계속 진행할 나 자신을 위한 부분이기도 하다. 내 연구 노트도 아직은 완벽하지 않아서 나 역시 계속해서 연구 노트 잘 쓰는 사람들을 보면서 배우고, 훗날 찾아봤을 때 더 쉽게 이해할 수 있도록 새로운 방식으로 기록을 시도하고 있다. 예를 들어, 다소 복잡한 장비 동작 메뉴얼은 비디오로 찍어서 기록하고, 연구 노트에 비디오 파일 제목과 비디오 저장 위치 등을 적는다.

기록하는 것은 큰 힘을 가지고 있다. 기록은 현재를 저장하는 것과 동시에 미래를 대비하는 것이다. 기록하는 것을 일종의 놀이나 습관으로 만들어보자.

# 나사 소수 대학교 연구 및 교육 프로그램

NASA MUREP program

나사는 다양한 형태의 인턴십 프로그램을 통해서 고등학생부터 대학원생까지 나사에서 일할 수 있는 기회를 제공한다. 다양한 프로그램 중 MUREP Minority University Research and Education Program, 소수 대학교 연구 및 교육 프로그램는 마이너리티(상위권 대학과 구별되어 불평등하게 차별 대우를 받는) 대학교를 다니는 학생들을 지원하는 프로그램이다. 우리나라로 치면 지방대학 학생들에게도 나사에서 일할 수 있는 기회를 제공하기 위한 제도쯤으로 생각할 수 있겠다. 수도권 대학, 지방대, 전문대생 모두가 평등하게 나사 인턴십 프로그램에 참여하고, 성취나 기여도에 따라 취업까지 가능하도록 '기회'를 준다. 인턴십 기간 동안 MUREP 프로그램 참여자에게 특별한 '혜택'을 주는 것은 아니고, 지원자들 또한 '특혜'를 생각하지 않는다. 나사에 들어오는 인턴십 프로그램의 종류만 다를 뿐이지(가령, 특성화고교졸업자전형이나 농어촌학생전형처럼) 일단 프로그램에 들어온 이상 동등하게 경쟁하는 건 불가피하다. 일부 학생을 더 배려하거나 혜택을 주는 일 없이 인턴십 기간에 보여준 성취도에 따라 동일하게 평가한다.

아무리 뛰어난 사람도, 마음껏 뛸 운동장이 없으면 얼마나 잘 뛰는지 알지 못한다. 그렇기에 나사의 MUREP 프로그램은 누구에게나 개방된 운동장을 제공함으로써, 더 많은 이들이 자기의 역량을 펼쳐보일 '기회'를 주는 것이다.

# 나는 우리 팀을 대표해서 이 자리에 왔습니다

## I represent NASA!

"저는 오늘 나사 랭글리리서치센터 A팀의 B연구를 대표해서 이 자리에 선 김현정입니다."

앞에서도 말했다시피 나는 연방정부 공무원인 나사 직원이 아니고, 나사 랭글리리서치센터에서 근무하는 계약직 직원contract employee이다.• 나사에는 2021년 5월 기준, 6만 명 이상의 계약직 직원과 2만여 명의 공무원이 있다(자료출처 https://employeeorientation.nasa.gov). 내가 소속된 회사 NIANational Institute of Aerospace, 국립항공우주연구소는 나사에 연구원들을 지원해주는 협약기관이다. NIA를 통해 계약직 직원으로 2009년부터 12년간 나사에

• 2021년 9월 27일 나사 정직원이 되었다.

서 일하면서 공무원과 동일하게 안전, 보안, 정보기술 및 임무 관련 주제safety, security, information technology, and mission related topics를 숙지하는 오리엔테이션 과정과 실무에 필요한 정보기술 보안, 위험물질 취급, 직위 관련 보안IT security, hazardous materials, security training related to the position 등의 교육을 받았다. 미국 역시 연방정부 공무원과 민간부문 직장인의 연봉이 20~30% 차이가 나는데, 내 경우 나사 연방정부 공무원보다 더 많은 연봉을 받으니, 동료들은 나에게 가끔 '두 배의 즐거움double the fun'이라는 말을 하기도 한다. 이는 공무원인 자신들과 동일한 조건과 환경에서 일하면서 더 많은 월급을 받는 나를 향한 부러움의 표현일 테다. 2021년 4월 16일 〈뉴욕타임스〉에 게재된 기사 '스페이스엑스, 나사와 29억 달러 규모의 달 착륙선 건설 계약 체결SpaceX Wins NASA $2.9 Billion Contract to Build Moon Lander'처럼 나사는 다양한 계약contract을 통해서 임무 수행을 지원한다.

중요한 학회 참석을 위해 팀원들 앞에서 발표 연습을 하던 어느 날 상사가 나를 불렀다. "너는 우리 팀을 대표해서 학회에 나가고, 나사 연구를 대표해 발표하는 것이라는 사실을 명심해." 상사의 말이 나를 연방정부 공무원이나 나사 직원으로 만들어주는 것은 아니지만, 나 자신을 바라보는 관점을 바꾸어주었다.

1. 나사를 대표하기 위해서 나사 전체 책임자일 필요는 없다.

2. 나사를 대표하는 데 직위나 직책은 중요하지 않다.

3. 중요한 것은 내가 왜 그곳에 있는지, 나사를 대표해서 무엇을 할 수 있는지이다.

내가 무엇을 할 수 있는지 생각하는 동안, 내가 얼마나 즐겁고 의미 있는 일을 하는지 되새길 수 있었다. 그리고 "안녕하세요, 저는 오늘 나사를 대표해서 발표를 하게 된 김현정입니다"라고 말하는 순간을 생각하는 것은 내 마음가짐을 달라지게 했다. 달라진 마음가짐은 말을 더욱 신중히 하게 하고, 행동을 겸손히 하게 하며, 발걸음을 옳은 방향으로 향하게 한다.

나사를 대표한다고 말하는 순간부터 걸음걸이의 무게가 달라지고, 나사와 개인의 동반 성장을 추구하고자 하는 나의 바람에 커다란 조직 사회의 힘을 추가로 얻게 된다.

나는 오늘 이 글 안에서도 12년간 나사에서 배운 내 경험과 지혜를 내 목소리로 전하고 있다. 나사 정직원과 동일한 조건과 환경에서 일하면서 더 많은 월급을 받을 뿐 아니라, 누구보다 열심히 배우고, 실패하고, 성장까지 했으니 '두 배의 즐거움' 그 이상이다.

# 로봇이 제일 먼저 당신의 이력서를 읽는다

Robots reading your resume!

요즘 내가 멘토링하는 맷은 박사과정 졸업 준비와 구직 활동을 동시에 하고 있다. 일주일 사이에 스무 군데나 지원했는데, 아직 아무데서도 연락이 없다고 투덜거리는 맷에게 나는 "네 가치를 아는 곳이라면 꼭 너에게 연락을 할 거야"라는 막연한 말을 했다. 그때 옆에 있던 동료가 맷에게 이렇게 말했다.

"네 이력서에 적은 키워드 다섯 개가 뭐야? 그 키워드 모두 네가 경험하고, 잘하고, 즐거워하고, 새로운 직장에서 하고자 하는 일인지 생각해봤어? 네가 지원하는 회사의 키워드와 100% 일치하는지도? 지금까지의 수고에 물을 끼얹는 말일지도 모르지만, 네 이력서의 키워드와 회사 구인란에 명시된 키워드가 일치하지 않으면, 네 이력서는 사람 손에 들어가 읽히지도 못했을 가능성이 높아. 컴퓨터에게 깊은 인상을 주지 못한 이력서는 인사팀 손에 들어가보지도 못하고, 컴퓨터상의 쓰레기통으로 들어가는 거야."

나사를 포함한 대부분의 회사는 '지원자 추적 시스템ATS, Applicant Tracking Systems'을 활용해서 지원자의 이력서 키워드와 구인란의 키워드를 맞춰보는 과정이 있다. 이를 통해 수백, 수천 통의 이력서를 우선적으로 선별한다.

이런 이유로, 이력서를 쓸 때는 일차적으로 컴퓨터를 만족시키기 위해서 쓰고, 다음에 나를 인터뷰할 인사팀장을 위해서 쓰고, 마지막으로 나를 뽑는 결정권을 지닌 회사 임원을 위해서 쓰라고들 말한다. 컴퓨터, 인사팀, 임원 모두를 만족시키기 위해서는, 인적사항을 포함한 기본적이고 핵심적인 내용을 구인란의 키워드와 이력서의 키워드를 맞춰서, 직책에 합당하게 솔직하게 써야 한다.

키워드는 회사에서 어떠한 사람을 필요로 하는지, 내가 어떤 기술과 경력으로 회사에 기여하게 될지를 보여주는 아주 중요한 요소이다. 키워드만으로 나란 사람을 모두 소개하지 못하기에 컴퓨터가 나를 일차로 평가하는 것이 적절하지 않다고 생각할 수 있다. 하지만 수많은 이력서를 컴퓨터를 통해 일차적으로 선별하는 작업은 회사 입장에서는 효율성을 높이는 일이다.

우선 컴퓨터를 만족시키면, 나란 사람을 소개할 인터뷰 기회가 찾아오고, 그 기회 안에서 사람을 감동시키면 나를 꾸준히 보여줄 직장을 얻게 될 것이다.

컴퓨터도 만족시키지 못하고, 어떻게 사람을 감동시키겠는가. 컴퓨터를 만족시킬 답은 내 키워드에 있다.

# 20% 규칙

20% Rule!

나사에서는 2주 80시간의 근무시간 중 최대 20%에 해당하는 16시간까지 부업side-project을 할 수 있도록 허락한다. 20%의 시간 동안은 주어진 업무 외에 새로운 아이디어를 창출하고, 개인 프로젝트를 이끌 수 있는 기회가 생기는 것이다. 나는 그 20%의 시간을 나사의 미래 미션에 대해 배우고 혁신을 생각하는 시간으로 활용하고, 현재의 프로젝트에서 벗어나 완전히 새로운 아이디어에 몰두해보기도 한다. 이러한 '20%' 문화 덕분에 나사가 달을 이야기하고 우주를 이야기하는 창의적인 기관이 되지 않았나 하고 생각한다.

미래와 혁신을 배우기 위해 나는 다양한 주제로 열리는 세미나에 참석해 내 전공분야뿐 아니라 다른 분야의 사람들을 만난다.

세미나에 참석하면 다양한 분야의 핵심 내용과 최신 동향을 단시간 내에 배울 수 있다. 주어진 업무를 하는 동안에는 만나지 못했던 새로운 분야의 사람들을 만나 이야기를 나누면서 여러 분야를 경험하고 이해하게 된다.

새로운 것을 배우고 알았으면, 다음으로는 이 정보들을 소화해야 한다. 배우고, 알고, 소화하는 과정에서 다양한 생각들이 정리되고 새로운 아이디어나 영감이 떠오른다. 이렇게 정리된 새로운 아이디어는 당장에는 황당하고 말도 안 되는 것 같은 경우가 허다하다. 하지만 나는 그런 아이디어를 서슴없이 동료뿐 아니라 학생들과도 얘기한다. 그들 어느 누구도 "말도 안 되는 소리 하지 마"라고 하지 않는다. 오히려 관련 논문을 찾아주거나, 전문가를 소개해주기도 한다. 논문을 읽고 전문가와 이야기를 하다보면, 아이디어가 검증되기 위해 얼마만큼의 위험risk과 보상reward이 있는 연구인지에 대해 스스로 묻고 대답하기를 반복하면서 아이디어를 발전시켜나가게 된다.

물론 처음에는 "와우" 하고 탄성이 터지는 아이디어라도 실현 가능성이 없다면 '공상과학'과 같은 것이기에 얼마만큼의 현실성이 있는지 꼼꼼하게 검토해야 한다.

'20% 규칙'의 핵심은, 어디서나 혁신이 생기도록 하는 문화를 만들고, 이런 문화를 응원한다는 것이다. 혁신을 응원하는 이 문화 덕분에 나는 여러 과제 제안서 작성에 필요한 아이디어를 생각해낼 수 있었고, 연구비 지원도 받았다.

혁신에 대한 이해를 꾸준히 하고, 조직원들과 공유하는 문화 안에서 자유롭게 내 생각의 주인이 되는 것이 진정한 의미의 20% 활용법이다.

# 역사를 배우면 문화가 보인다

Learning history is learning culture!

2009년 4월 처음 일을 시작했을 때, 내게 언어만큼이나 생소한 것이 나사의 문화였다. 한국에서 나고 자란 나에게, 일명 '문화 충격'은 당장 눈앞에 나타난 커다란 문제였다. 어떻게 하면 새로운 문화에 잘 적응할 수 있을지 고민이 깊었다. 이런 고민을 '발전적인 고민'이라며 응원해준 동료가 있다. 어느 날은 이곳의 문화를 빨리 배우는 비법은 역사를 배우는 것이라며, 나사 랭글리리서치센터의 역사에 대해 들려주었다. 그의 조언이 얼마나 논리적인지는 '문화'라는 말의 뜻을 알면, 바로 이해할 수 있다.

'문화'를 뜻하는 영어단어 'culture'는 '경작'이나 '재배'를 뜻하는 라틴어 'cultura'에서 유래됐다. 자연 상태의 사물에 인류의 힘을 더해 변화시키거나 창조해낸 것을 의미한다. 따라서 자연은 문화가 될 수 없지만, 인간에 의해 변화된 자연은 문화가 되는 것이다. 가령 흙 문화는 없지만 도시 문화는 있고, 바람 문화는 없지만 나사 문화는 있는 것과 같은 이치다. 흥미롭게도 나사의 문화를 이해하려면, 바람을 이용해 비행기를 만든 미국인들의 역사를 알아야 하고, 이와 같은 역사를 공부하다보면 나사와 미국의 문화를 이해하게 되는 것이다.

내가 근무하는 랭글리리서치센터는 1917년 나카에서 처음 설립한 센터로, 100여 년의 역사를 지닌다. 나카는 항공학과 관련하여 비행기 기체 및 엔진 디자인을 연구하고 테스트하기 위해 설립되었고, 2021년 현재도 랭글리리서치센터에서 진행하는 연구 중 항공학이 큰 부분을 차지하고 있다. 다만 이전에는 비행기 모형만을 테스트하던 풍동 터널에서 지금은 우주 비행선 실험도 진행한다. 랭글리 공군기지와 한 울타리로 맞닿아 있다는 점도 항공학 문화 발전에 기여한 또하나의 요소이다.

랭글리리서치센터는 버지니아주 햄프턴에 있다. 바다에 근접해 있어서 로켓 실험에 유리하다. 1945년에는 월롭섬Wallops island에 발사 기지flight station를 건설하고 로켓 연구를 시작했다. 나카 시절에 시작한 항공학 연구가 지리상 이점을 만나 로켓 연구로 발전한 것이다. 현재 랭글리리서치센터는 우주선 연구와 함께 아음속, 초음속, 극초음속 항공기subsonic, supersonic, hypersonic flight 로켓 연구도 진행하고 있다. 새로운 문화의 탄생이다.

랭글리리서치센터는 이름에서 알 수 있듯이 '리서치(연구)'를 하는 센터이다. 나사 산하 시설로는 우주센터, 연구센터, 비행센터(케네디우주센터, 코다드우주비행센터, 제트추진연구소, 존슨우주센터, 랭글리리서치센터, 마샬우주비행센터 등)가 있다. 그리고 랭글리리서치센터는 복합재료 및 구조물에 특화된 연구력을 가진다. 달착륙 실험 시설에서는 달 중력 실험이나 탐사선에 필요한 재료와 구조물 연구가 많이 진행된다. 나처럼 항공기가 전문 분야가 아닌 재료 전공 연구원도 센터에서 일할 수 있는 기회가 생기고, 동시에 새 인력으로 인한 새로운 문화가 탄생한 것이다.

물론 모든 문화를 역사만으로 추론하거나 이해할 수는 없다. 그 안에서 살아보고 겪어봐야 알 수 있는 문화도 있다. 가령 나는 센터 내에서 '나누는 것을 행복해하는' 문화를 느꼈는데, 이는 햄프턴이라는 시골에 사는, 정년 걱정 없는 미국 공무원들의 여유가 아닐까 하고 생각한다.

역사를 보면 문화가 이해되고, 문화를 통해 역사를 추론할 수 있다. 우리는 지금도 새로이 역사를 쓰고 있다. 새로운 문화를 만들어가는 굉장한 일이 진행되고 있음은 틀림없다. 달그락거림 없이 내가 속한, 혹은 속해야 하는 사회에 잘 어울리고 싶다면, 그곳의 역사부터 배워보자.

# 매일이 여러분의 삶을 바꿀 새로운 기회입니다

Every day is a new opportunity to change your life!

프롤로그에서도 이야기했듯, 나사에서 일하게 된 계기는, 내가 생각해도 놀랍고 신기하다. 2008년 카이스트 박사과정에 있을 때, 이탈리아 시칠리아에서 열리는 학회에 참석했다가 나사에서 심우주 에너지 연구를 진행하는 연구원들을 만났고, 나사 박사후 연구원직을 제안받았다. 학회가 끝날 때까지만 해도 외국인이 미국 정부기관인 나사에서 일하는 것은 불가능하다 생각했다. 하지만 한국으로 돌아온 뒤, 놀랍게도 나사의 어느 직원에게서 취업에 필요한 서류를 이메일로 보내달라는 연락을 받았다. 내 이름 '현정'은 '밝은 현炫' 자에 '조정 정廷' 자를 써서 밝은 정치를 하라는 뜻이니 '정부기관'에서 일하는 것은 운명이라고 생각할 수도 있다. 하지만 나는 운명이 아닌, 2008년 나에게 주어진 기회에 대해 이야기하고 싶다. 유럽 최대의 활화산인 이탈리아 시칠리아섬의 에트나 화산이 2008년 폭발할 가능성이 있다는 뉴스에 학회 참석자 일부는 이탈리아행을 취소했지만, 나는 나에게 주어진 학회 참석 기회를 포기하고 싶지 않았다. 학회에 참석한 덕분에 내 연구를 발표할 수 있는 기회를 얻었고, 나사 연구원과 대화할 수 있는 기회도 가졌다. 그렇게 나는 2008년 선물처럼 주어진 수많은 기회를 놓치지 않고 내 것으로 만들었다. 그렇게 나사와 인연을 맺고 2009년부터 일을 시작했다.

나사에서 일하면서 가장 신나는 부분 또한 '기회'이다. 특히 외국인으로서 미국 정부기관에서 일할 수 있는 '기회'. 그리고 우주를 연구한다는 매력, 새로운 사람들을 만난다는 즐거움, 수많은 시행착오를 거치면서 어제보다 나은 내가 될 수 있는 '기회'. 이 모든 것이 나에게는 신나는 일이었다. 일과 사람들이 나에게 준 이 모든 기회는 내가 나날이 보다 나은 나로 성장하는 데 자양분이 되어준다. 물론 이 모든 기회를 얻기 위해서는 끊임없이 도전하고 많은 난관을 극복해야 했다. 특히 외국인인 나에게 '언어의 한계'와 향수병은 너무나 큰 시험이자 도전이었다. 하지만 지금의 나는 이 모든 도전을 즐기고 있다. 도전이 클수록, 더 큰 기회가 주어진다는 것을 알기 때문이다.

# 리더십

# 리더의 의미

Meaning of the leader

리더는 본인이 지시하는 방향으로 팀원을 이끌고 같이 나아간다. 리더는 통찰력insight과 선견지명foresight으로 방향을 제시하면서, 팀원들이 본인 스스로 생각하는 능력 이상을 끌어낼 수 있도록 조력하며 함께 걷는다. 리더는 팀이 가야 할 방향만을 지시하는 보스와는 다르다.

내가 나사에서 본 리더들은 결정권자decision-maker이기보다는 조정자coordinator이기를 자처한다. 즉, 리더들은 함께 일하는 사람들에게 일하는 방법을 알려주고, 그들이 각자 자신의 방식으로 일하고 결정하도록 도와준다. 모든 결정은 결국 팀원 스스로가 내릴 수 있도록, 스스로 믿음과 용기를 가지고 자신의 한계를 넘어설 수 있도록 도와준다. 리더가 지금까지 확인된 나의 능력 이상을 요구하더라도 이는 나의 가능성을 판단한 것이며, 이를 토대로 해서 팀이 목표에 도달할 수 있는 것이다.

또한 리더는 잠재적인 위험까지 예측하고 대비한다. 그리고 책임을 통감한다. 나는 개인적으로 '책임을 통감한다'는 말이 우리의 일상이나 뉴스에서 많이 사라진 것을 느낀다. 책임을 통감하는 것은 영어 표현으로는 'blame myself(내 탓이다)'이고, 직역하면 '자기 자신을 비난한다'는 의미다. 문제가 생겼을 때 자기 자신을 비난하는 것이 책임을 지는 가장 기본적 행동이다.

오랜 미국 생활에서 느낀 것 중 하나는 '책임'에 대한 두려움이 크다는 것이다. 적어도 내가 그간 봐온, 지위상 높은 자리에 있는 사람일수록, 개인이 책임을 지지 않기 위해서 '팀'으로 책임을 지게 하거나, '위원회board member'처럼 제2의 기관을 두어 책임을 지게 한다. 하지만 나사에서 리더의 자리에 있는 사람들은 불미스러운 문제가 생기면 우선 자기 자신을 비난함으로써 책임을 통감한다. 그리고 최고의 리더는, 잠재된 위험을 미리 예측해 대비하기 때문에 나중에 간혹 책임을 져야 하는 일이 생기더라도 위험요소가 최소화된다. 언젠가 한 달 안에 결과를 내야 하는 프로젝트를 앞두고 실험실이 다른 건물로 이사를 해야 하는 상황이 생겼다. 우리 부서의 리더는 이사를 위해 팀원들에게 실험 장비를 모두 포장하도록 시켰지만, 이사할 건물의 시설팀 내부 문제로 인해 이사가 늦어지는 상황이 발생했다. 한 달 안에 결과를 내지 못할 상황이 생긴 것이다. 리더는 프로젝트 담당자에게 이사하는 상황을 사전에 알렸을 뿐 아니라, 본인 실수나 잘못으로 인해 이사가 늦어지는 게 아닌데도 프로젝트 결과가 늦어지는 것에 대해 사과했다. 그뿐 아니라, 이사가 늦어질 경우를 대비해 미리 다른 건물에 간이로 실험실을 준비해두고 있었다. 우리는 그곳에서 실험을 이어가 프로젝트를 진행할 수 있었다.

리더는 당근과 채찍을 동시에 씀으로써, 사회에서 필요로 하는 인재를 양성한다. 몇 년 전에 나의 멘티였던 학생이 하버드 의대 입시를 준비하면서 내게 추천서를 부탁한 적이 있다. 하버드에서는 어떤 학생을 뽑고자 하는지 볼 수 있는 재미있는 기회였다. 특히나 아직도 기억에 남는 질문은 '리더십 능력이 있는지'에 대한 것이었다.

> "당신은 이 학생을 어떻게 설명하시겠습니까? 학생의 성장, 정서적 안정, 사람에 대한 관심, 문제 해결 능력, 목표 달성에 대한 끈기, 호기심, 창의성, 리더십 능력, 자기 훈련, 성실성에 대해 적어주십시오 How would you describe this student as a person? Comment on the student's maturity, emotional stability, concern for people, problem-solving skills, tenacity in reaching goals, curiosity, creativity, capacity for leadership, self-discipline, integrity."

리더십은 앞으로 사회에서 더욱 중요한 부분이 될 것이며, 얼마든지 훈련을 통해 키울 수 있다. 그러니 리더십이 없는 성격이라고 체념하지 말고, 지금부터라도 조금씩 리더십을 배워보자. 문제가 생겼을 때 남이 아닌 자기 자신을 먼저 돌아보고 반성하면서 팀원들과 함께 일을 이끌어가다보면, 어느 순간 진정한 '리더'가 되어 있을 것이다.

# 35,000피트 상공에 머물러라

35,000 feet!

나사에서 일한 지 5년이 지났을 때, 작은 팀을 이끄는 역할을 하게 되었다. 혼자 일하는 것에 익숙한 나로서는, 누군가와 함께 일하는 것과 그들을 이끄는 역할을 해야 한다는 것은 신나면서도 떨리는 모험 같은 것이었다.

사소한 것 하나까지 신경쓰면서 노력은 하는데, 자꾸 잘해내지 못하고 있다는 생각이 들었다. 제대로 리더 역할을 수행하지 못한다고 자책하고 있는 나에게 어느 날 친구가 아래와 같은 이메일을 보내왔다.

> 알다시피, 비행기가 이륙을 하면 구름도, 궂은 날씨도, 난기류도 뚫고, 바로 35,000피트나 그 이상의 상공으로 올라가게 돼. 그

고도에서 너는 모든 구름이 네 아래 있는 것을 보게 될 테지. 나는 네가 사람들 사이에서 일어나는 모든 궂은 일들을 35,000피트 고도에 머물며 내려다보길 바라. 사람들 사이에서 일어나는 일을 있는 그대로 받아들이되, 사람들이 직접적으로 말하는 것을 제외하고는, 누굴 탓하거나 너무 큰 의미로 생각하지 않았으면 해.

언제나 높은 고도에서, 너와 함께 일하는 사람들을 지켜보렴.

혹 누군가 네 프로젝트에 해를 가하려고 한다면, 바로 내려와서 그 구체적인 문제만 처리하고 다시 하늘 위로 올라가 구름 위에 네 관점을 두길 바라!

언제나 높이 날아서, 환하게 밝히렴. 나는 네가 이 새로운 방법을 통해 굉장한 성과를 거둘 거라고 믿어.

You know, as soon as they take off, airplanes immediately climb up to 35000 ft or higher to be above all the turbulence, the clouds and the rough weather.

From that elevation, you see all the clouds BELOW you. I want you to always fly at 35000 ft, above all the drama and any agendas that people may or may not have.

Take them always at face value, never ascribe any motives to them except those that they themselves say, both in practice and in your mind.

Be watchful, of course, but always from that very high altitude.

If someone does something that may do harm to your project, dive down and deal with that specific issue and then fly up again to your viewpoint above the clouds!

Fly high and shine, always. I know you are going to do amazing things in this new effort.

친구의 메일에는 내가 리더로서 큰 그림을 보기를 바라는 마음이 담겨 있었다. 높은 곳에서 보면 사소한 것들은 큰 것들에 가려져 보이지 않는 것처럼, 보다 큰 그림을 보고 과제를 성공적으로 이끌기를 응원하는 친구의 마음이 느껴졌다.

나 역시, 당신이 35,000피트 상공에 머물며 굉장한 일을 해낼 것을 믿는다!

# '왜 그렇지?',
# 혹은 '~라면 어떨까?'

Why or What if?

미국에는 "어떻게 하지How?"로 질문하면 보스가 되지만, "왜 그렇지Why?" 혹은 "~라면 어떨까What if?"로 질문하면 리더가 된다는 말이 있다.

"어떻게 하지?"라고 묻기 전에 "왜 그렇지?"라고 묻는다면, 생각과 답변의 폭이 훨씬 넓어진다. 방법How을 찾기 전에 이유Why를 먼저 묻는다면, 이유를 찾아가는 과정에서 어떻게 할지는 자연스럽게 찾아진다. 마치 세 살짜리 아이가 끊임없이 "엄마 그건 왜? 아빠 그건 왜?" 하고 묻는 것처럼, "왜?"라는 질문을 통해 그 이유를 찾으면, 아이는 스스로 '어떻게' 할 것인지 찾아갈 수 있게 되는 것이다.

이런 이유로 리더들은 어떻게 해야 할지에 대한 정답을 유도

하기에 앞서, 생각의 문을 먼저 여는 “왜”라는 질문을 더 자주 하는 것이 아닐까? 나사에서 일하면서 긍정적인 영감을 주는 리더들을 많이 만났는데, 그들은 늘 대화중에 “왜?”라는 질문을 던져주었다. 예를 들면, “왜 이 연구를 하는 거지?” “왜 이렇게 하면 안 되는 거지?” “왜 그 실험을 한 거지?” 등의 질문이다. “왜”라는 질문은 나 스스로 현재의 위치를 확인하고, 앞으로 나아갈 방법을 찾도록 돕는다

늘 ‘어떻게 하지’부터 고민하고 생각하던 나에게 ‘왜 그런지’를 묻는 것은 꽤나 큰 변화였고, 스스로 방향을 정하고 방법을 찾아감으로써 효율적으로 일할 수 있는 기회가 되었다. 오늘은 보이는 모든 것이 호기심의 대상인 ‘세 살 아이의 시선’이 되어보자.

# 같은 페이지에 있어야 한다

Be on the same page!

수백 페이지가 넘는 책을 100명이 읽고 있다고 생각해보자. 100명의 사람이 동시에 똑같은 페이지를 읽고 있을 확률은 적다. 100명이 똑같은 페이지를 읽고 있다는 것은 무슨 의미일까? 똑같은 페이지에 있다는 것은 '서로 같은 글을 읽는' 것이고, 서로가 같은 글을 읽고 있어야 100명의 사람이 하나의 주제에 대해서 이야기할 수 있게 된다. 하나의 주제에 대해 이야기하면, 토론과 합의를 통해서 하나의 의견에 도달할 기회가 생긴다. 100명이 한 가지 의견에 도달하면, 혼자서는 결코 해낼 수 없던 일도 해낼 수 있다. 모두가 동일한 페이지 위에 있는 것은 굉장한 일을 위한 첫 단계인 셈이다.

"같은 페이지에 있기On the same page"라는 말은 생각보다 많이 쓰인다.

1. 오늘 큰 결정을 내리기 전에, 결정권 있는 사람 모두가 같은 페이지에 있는지 확인해보자.
2. 너와 그는 드디어 합의를 보고 같은 페이지에 있는 것 같네.
3. 우리가 같은 페이지에 이르기까지 수 년의 시간이 걸렸다.
4. 모두를 같은 페이지에 데려오는 것은 분명 이득이다.

모두가 같은 페이지에 있으려면 시간과 노력이 필요하지만, 긍정적이고, 희망적이고, 발전적이고, 이익이 되는 일임에는 틀림없다.

이곳에서 일하면서 모두를 같은 페이지에 데려오는 것이 얼마나 힘든 일인지 알게 되었다. 특히 서로 다른 출신, 직업, 나이, 성격의 사람들을 한 페이지로 데려오려면, 가장 먼저 '어느 페이지가 옳은 페이지인지'를 알아야 한다. 모두가 자신이 서 있는 페이지가 옳다고 믿기에, 그들을 내가 옳다고 생각하는 페이지로 데려오기 위해서는 그 페이지가 옳다는 '근거'를 보여주어야 한다. 함께 일하는 사람들을 내 페이지로 데려오는 일을 나는 '신뢰 쌓기'라고 부른다. 새로운 사람들과 일을 시작할 때, 신뢰 쌓기를 통해서 모두를 동일 페이지로 데려올 수만 있다면, 협력해서 달에도 가고, 화성에도 가는 굉장히 멋진 일들을 해낼 수 있다. 따라서 그들을 동일한 페이지로 데려오는 일에 최선을 다해야 한다.

'같은 페이지에 있기'라는 표현은 '합창'에서 나왔다고 한다. 각자 다른 페이지의 악보를 보고 있으면 절대 하나의 노래를 완성하지 못한다. 모두가 같은 페이지에서 동일한 악보를 봐야만 하나의 목소리로 완성된 음악을 만들어낼 수 있다.

함께 일하고 함께 살아감에 있어서, 사람들을 같은 페이지로 데려오는 것은 중요한 일이다. 나는 오늘도 함께 일하는 사람들과 같은 페이지에서, 동일한 목표를 향해 이야기하길 소망하며 '신뢰 쌓기'를 한다.

# 5분 결정 비법

5 minutes decision!

우리는 매일같이 무언가를 결정해야 하는 상황에 놓인다. 우리의 삶에서, 태어나고 죽는 것 외에는 모두 결정의 연속이라고 해도 과언이 아닐 것이다. 우리는 고심 끝에 결정을 내린 뒤에도 '과연 내가 옳은 선택을 한 것일까?' 하고 흔들리고, '다른 결정을 할걸' 하고 후회하기도 한다. 왜 우리는 결정을 내린 후에도 이렇게나 많은 생각을 하는 것일까? 그것은 100% 옳거나 틀린 결정은 없기 때문이다.

회사에서 나보다 많은 결정을 내려야 하는 사람은 내 상사일 것이다. 내가 내리지 못하는 결정을 나는 상사에게 가져가고, 다른 동료들도 그러할 테니, 상사는 나보다 훨신 많은 결정을 내려야 한다. 나사 리더십 교육 프로그램을 통해 나는 결정의 순간을 놓치지 않고 최대한의 효과를 낼 수 있는 결정 방법을 배웠다.

하나는 종이와 펜을 준비하는 방법이고, 다른 하나는 내 이야기를 들어줄 상대를 찾는 방법이다. 이 두 가지 방법 모두 결정의 시간을 놓치지 않고 가능한 한 옳은 결정을 내리도록 도와준다.

첫째로, 종이 중간에 선을 긋고, 왼편에는 이 결정을 했을 때의 '장점'을, 반대편에는 '단점'을 적는다. 그리고 어느 쪽이든 하나라도 더 많이 적힌 쪽을 택한다. 단순해 보이지만, 머릿속에만 떠돌던 생각들을 적으면서 정리할 시간을 가지게 된다. 그 시간은 5분도 걸리지 않는다. 이미 내가 모든 정보를 가지고 있기 때문이다.

둘째로, 내 이야기를 처음부터 끝까지 들어줄 상대를 찾아 상황을 사실 위주로 이야기한다. 내가 처한 상황들을 이야기하다보면, 스스로 내용이 정리된다. 이때 상대방의 조언은 덤이다.

각각의 선택에 대해 내 생각을 정리하다보면 최선과 최악의 시나리오가 그려지고, 누군가와 대화를 나누다보면 나에게 맞춰져 있던 선택의 범위가 넓어지면서 최선의 길로 나아갈 여지가 높아진다.

우리가 결정에 어려움을 겪는 이유는 앞서 말했듯 100% 옳거나 틀린 결정이 없기 때문이다. 다만 언제 내린 결정인지에 따라 결과를 다른 방향으로 이끌 뿐이다. 그러니 시기를 놓치지 않고 결정을 내리는 것이 중요하다. 결정을 내리기에 앞서 5분만 여유를 두고 종이에 정리를 하거나 다른 사람과 대화를 나눠보자. 한결 편안한 마음으로 결정할 수 있을 것이다.

결정을 완성하는 시간, 5분이면 충분하다.

# 자기애

# 조금은 이기적이어도 돼

Be little selfish!

누군가가 나에게 "너는 참 이기적이야"라고 말한다면 이에 "고맙습니다"라고 답할 사람은 없을 것이다. 한국 사회에서 '이기심'은 부정적인 단어로 쓰인다. 나 또한 다른 이들과 잘 어울리고 사회생활을 잘하려면, 이기적이면 안 된다는 말을 들으며 자랐다. 하지만 지난 12년간의 미국 생활을 통해 내가 배운 것 중 하나는 조금은 이기적인 사람이 되어도 좋다는 것이다.

오후 12시 반쯤 급하게 잡힌 회의가 있어 세미나실로 들어섰는데, 상사가 "밥은 먹었느냐"고 물었다. "아직 먹지 못했다"라고 대답했더니, 상사는 "조금은 이기적이어도 돼Be little selfish"라고 말했다. 점심을 먹지 않으면 허기진 내가 회의에 온전하게 집중하지 못할 뿐 아니라, 점심을 먹고 온 상대방도 내가 신경쓰여 제대로 회의를 진행할 수 없다는 것이다. 기본적인 것을 미리 챙겨야 오로지 업무에만 집중할 수 있다. 나는 어릴 때부터 배운 대로 '이타적이지는 못할망정, 이기적이지는 말아야 하는 것'이 미덕이라고 여겼지만, 나의 그러한 '미덕'이 오히려 같이 일하는 상사를 '동료를 배고프게 만든' 이기적인 사람으로 만드는 실례를 범하고 말았다.

상사는 함께 일하기 좋은 사람은 "조금 이기적인 사람"이라면서, 알아서 밥 챙겨 먹고 알아서 쉴 거 다 쉰 사람과 일을 하면, 온전히 일에만 집중할 수 있다고 했다.

이제 나도 나부터 잘 챙기면서, 일도 더욱 잘해봐야겠다.

# "아니"라고 명확하고 큰 소리로 거절하기

Say No clearly and loudly!

"아니No"라고 말하는 것은 어려운 일이다. 상대방이 "예Yes"를 강요한 것도 아니고, "예"라고 대답하도록 눈치를 주는 것도 아닌데, 나는 "아니"라고 말하기가 쉽지 않다. 아무도 눈치 주지 않는데, 왜 눈치를 보고, 미안한 마음을 가지는 것일까? "예"만이 옳은 대답일까? 이 질문에 대한 답변은 "아니, 절대 아니다!"이다.

무슨 부탁이든 "예" 하고 답하고 적극적으로 일을 하는 스물한 살 인턴에게 어른이 되어서 좋은 게 뭐냐고 물어본 적이 있다. 뜻밖에도 "늘 '예'라고 말하지 않아도 되는 거"라는 대답이 돌아왔다. 부모님은 그녀에게 늘 "예"라고 답해야 착한 딸이고 좋은 학생이라 가르쳤다 한다. "아니"라고 하면 안 되는 거라고 배우며 자랐는데, 커서는 "아니"라고 해도 돼서 좋다는 것이다. 그런데 내가 보기에 그녀는 여전히 '예스맨'으로 살아가고 있는 듯했다. 왠지 슬프다는 생각이 들었다. 어른이 되어 사회생활을 할 땐 '거절'할 줄도 알아야 한다고 가르치면서, 어려서는 "예"라는 대답만을 가르치다니. 오랜 시간 "좋다"고만 말하는 데 익숙해지면, 그걸 고치는 데도 연습과 시간이 필요하다.

일을 효율적으로 잘하는 사람들을 보면, 그들은 '거절' 역시 효율적으로 잘한다. 나의 상사는 "다른 사람의 부탁을 거절하지 못해서 연장 근무를 하면 일의 능률이 오를 리가 없다"며 일하는 데 있어 거절할 줄 아는 것은 매우 중요하다고 충고했다. 나처럼 "예"에 익숙한 사람을 위해 다음과 같은 '거절 방법'을 소개한다.

1. 거절해야 하는 상황에서는 되도록 빨리 "아니"라고 말한다. 거절한다고 해서 사과하거나 미안해할 필요는 없다. 상대방이 다른 옵션을 찾을 수 있도록 되도록 빠르고 명확하게 거절하는 것이 좋다. "좋아"라고 했는데 마음이 바뀌면 그때도 역시 최대한 빨리 의사를 확실하게 전한다.
2. 모임 등에 초대받거나 상대가 도움을 주려고 할 때 거절해야 한다면, "고맙지만 사양할게No, thank you"라고 명확하지만, 공손하게 표현한다.
3. 핑계 대지 않는다. 너무 피곤해서 저녁식사에 함께 할 수 없다면, 힘든 한 주를 보내서 쉬고 싶다고 솔직히 말하면 된다. 굳이 상상력을 동원해서 거절할 이유를 만들 필요는 없다. 너무 많은 설명은 오히려

핑곗거리를 만들고 있다는 인상을 줄 수도 있다.

4. 어떤 제안을 이미 거절했는데도 상대방이 재차 묻는다면, 간결하고 명확하게 다시 "싫어"라고 말해도 된다.
5. "싫어"라는 말이 입 밖으로 나오지 않는다면, 우선은 웃고, 고개를 좌우로 흔들어서 의사표현을 한다. 이 방법은 내가 아주 잘 사용하는 방법이다. 말로 거절하기 쉽지 않을 때 몸으로 먼저 표현하는 것이다. 중요한 건 "싫어"라고 해야 하는 상황에 "좋아"라고 하지 않는 것이다.
6. 거절하는 대신에 상대적으로 실현 가능한 다른 것을 한다고 하거나, 이번 부탁은 들어주기 어렵지만 다음에 시간이 나면 돕겠다고 하는 등 대안을 제시한다.
7. 스스로를 믿는다. 나는 "싫어" 하고 말해놓고, 미안한 마음에 다시 "좋아"라고 말하고 후회하는 경우가 많다. "싫어"라고 했다가 "좋아"라고 하는 드라마를 만들 필요는 없다. 내가 "싫어"라고 한 데는 이유가 있다는 것을 믿어보자. 그리고 한번 싫다고 한 것을 변덕스럽게 바꾸지 말자.

언젠가는 상대방의 눈을 바라보면서 자연스럽게 거절하는 날이 올 것이다. "싫어"라고 말했을 때, 내가 떠맡지 않아도 되는 일들로부터의 해방감을 생각하며 명확하게 "싫다"는 표현을 하자. 내가 아니어도, "좋다"고 말할 적임자들이 있는 경우도 많다.

꼭 내가 모든 상황에 "Yes" 할 필요는 없다.

# 모두를 만족시킬 수는 없다

You cannot make everybody happy!

“너는 언제 행복해?”라는 질문을 받고는 망설임 없이 “나로 인해 다른 사람들이 행복해지면, 나는 행복해”라고 답을 한 적이 있다. 나는 다른 사람들을 행복하게 하는 것이 나를 행복하게 하는 방법이라고 생각하면서 살아왔다. 어린 시절 내가 받아온 작은 상장이 일에 지친 엄마를 웃게 하는 걸 보면서, 다음에도 상장을 받아야겠다고 생각했다. 엄마가 행복해하면, 나를 둘러싼 세상이 행복했다.

물론 학교와 집이 세상의 전부이던 시절, 나는 적어도 ‘내 주위의 모두를 행복하게 할 수 있다’고 생각했고, 다른 이의 행복 안에서 내가 행복해질 수 있었다. 그런데 점차 자라고 생활 반경이 커지면서, ‘내가 모두를 행복하게 할 수 있다’는 착각과 자만심을 내려놓아야 했다. 나는 모두를 행복하게 할 수 없다. 그리고 그럴 필요도 없다.

나는 2013년부터 센타라Sentara병원에서 호스피스 봉사활동을 하고 있다. 호스피스 봉사는 임종이 6개월 이내로 다가온 환자들이 편안하고도 인간답게 죽음을 맞을 수 있도록 곁에서 보살펴드리는 활동인데, 나는 주로 식사를 돕는다. 식사를 잘 넘기시는 어르신들을 보면, '잘 드시니 오래 사시겠다'는 생각에 기분이 좋다.

당뇨합병증으로 시력을 잃은 환자를 돌보던 때가 있었다. 하루는 점심시간도 잊고 일하고 있는데, 환자 가족에게서 환자가 점심을 먹을 수 있도록 도와달라는 전화가 왔다. 일터에서 10분 정도 소요되는 거리에 있는 시설이라 바로 달려갔다. 시력을 잃어 음식이 바로 앞에 있는데도 모르는 환자에게 음식을 한 숟갈 한 숟갈 입에 넣어주는데, 이번에는 왠지 행복하지 않았다. 환자도 늦은 점심에 즐거워하지 않았고, 점심을 먹지 못해 배고픈 나도 그다지 만족감을 느끼지 못했다. 우습게도, 이 슬픈 경험을 통해 나는 '모두를 행복하게 할 수는 없다'는 것을 깨달았다. 적어도 그 상황에서 나는 타인뿐 아니라, 나 자신도 행복하게 하지 못했다.

그날 센터에서 함께 일하는 스캇이 내게 "다른 사람을 기쁘게 하려는 일을 그만둬Stop trying to please everybody!"라고 말했다. 환자 가족에게 부탁 전화가 왔을 때, 내가 거절한다고 해서 그들이 낙담할 것을 생각하지 말고, "미안하지만 부탁을 들어줄 수가 없다"고 했어야 한다고 말이다. 그들은 거절한 나를 대신해 다른 사람을 찾았을 것이고, 누군가는 즐거운 마음으로 그 부탁을 들어주었을 것이며, 나는 늦은 점심을 먹으면서 나의 일을 더 할 수 있었을 거라고.

내 주위의 모두가 행복하도록 애쓰느라 정작 나의 행복은 잊고 있었다. 나는 모두를 행복하게 할 수 없다. 그리고 모두를 즐겁고 행복하게 할 필요도 없다. 내가 행복해야 다른 이들을 진정으로 행복하게 할 수 있다는 것을 다시 한번 깨닫는다. 삶의 많은 순간 나에게 묻고 답한다.

"너는 행복하니?"

# 가족이 최우선

Family 1st!

나사에서는 공휴일이 되면 어김없이 리더십팀이 직원들에게 "가족 여러분, 국가 공휴일을 축하합니다. 연휴 안전하게 잘 보내세요"라는 이메일을 보낸다. 이처럼 리더의 자리에 있는 사람부터 직원들을 가족이라 부르고, 직원들의 가족도 가족이라고 말한다. 그뿐 아니라 서로를 가족이라고 말하고, 가족이 우선이라는 말도 강조한다. 나는 여러 경험을 통해 이들이 얼마나 가족을 우선적으로 생각하는지 느끼고 배웠다.

첫째, 가족이 아프다고 하면, 하던 일을 멈추고 집으로 가서 아픈 가족의 곁을 지켜주라고 한다. 일은 언제든 나를 기다리지만, 가족에게는 당장 내가 필요하다고 말이다. 일을 해서 돈을 버는 목적도 '개인의 성장'뿐 아니라, '가족과 행복하게 살기 위한' 것이고, 시간 또한 일 외의 나머지 시간은 가족과 함께 쓰는 것이라고 말한다. 부모님과 동생 가족이 모두 한국에 있는 나 같은 경우, 일을 해서 번 돈으로 보고 싶은 가족을 만나러 가는 비행기 표를 살 수 있다.

2016년, 나는 성과 평가에서 최상등급을 받았다. 7년 간의 나사 생활 중 최고 성적이었다. 새로운 팀으로 옮긴 뒤 아버지의 병환으로 두 달간이나 한국에서 지냈는데도 매우 높은 평가를 받은 것이다. 내심 한국에서 두 달이나 휴가를 썼으니, 성과 평가가 엉망일 거라고 생각했다. 하지만 성과 평가자들은, 가족도 중요하게 생각하고 주어진 업무도 늦추지 않고 해낸 나에게 부가 점수를 주었다.

둘째, 이곳의 동료들은 내 가족에 대해 아주 자연스럽게 묻는다. 마치 한국에 있는 내 엄마가 본인의 엄마라도 되는 것처럼 "엄마는 잘 계셔?"라고 묻고 "조카는 잘 크고? 몇 살이었지?" 하고 조카의 안부까지 묻는다. 이런 분위기 덕분에, 가족과 떨어져 12년이라는 시간을 보내면서도, 또다른 가족이 내 곁에 있는 듯한 기분으로 생활할 수 있는 건지도 모르겠다.

물론 가족이 최우선이니 모든 것을 포기하고 가족만 바라보라는 말은 결코 아니다. 일도 중요하지만 나와 가족의 소중함을 알고, 일과 삶의 균형을 맞추는 것…… 그것이 가족을 최우선으로 생각할 수 있는 바탕이 되지 않을까 생각한다.

# 당신은 그럴 만한 자격이 있다

You deserve it!

나의 동료들이 많이 쓰는 말 중 하나는 "넌 이걸 받을 만해, 정말 잘했어, 수고 많았어You deserve it"이다. 어느 금요일 오후 동료가 나에게 "주말 계획 있어?" 하고 물었다. 과도한 업무로 인해 길고 고단한 한 주를 보낸 터라 "늦잠을 잘 거야"라고 대답했더니, 동료는 "너는 그럴 자격이 있어You deserve it"라고 말해주었다. '열심히 일했으니 늦잠을 누릴 자격이 충분하다'는 뜻이었을 것이다.

네이버 영어사전에 'You deserve it'을 검색하면, '넌 정말 당해도 싸' 혹은 '자업자득'이라는 부정적인 의미가 먼저 나온다. 하지만 나의 경험에 비추어볼 때, 미국에서 부정적인 의미로 "You deserve it"을 들은 경우는 지금까지 한 번도 없다. 덕분에 나에게 'You deserve it'은 긍정적인 말로 각인되어 있다. 이번에는 구글에서 검색해봤더니, 맨 위에 나오는 것은 노래였다. 아주 간단한 몇 문장이 반복되는 가사 중에 눈에 띄는 구절이 있었다. "모든 영광이 당신의 것이에요. 당신은 영광을 받을 만해요All of the glory belongs to you. You deserve it."

한국과 미국의 대표적인 검색 엔진에 같은 말을 검색했는데, 한국 검색 엔진에는 부정의 의미가, 미국 검색 엔진에는 긍정의 의미가 맨 처음 나온다. 둘 모두 맞는 것이니 어느 의미로 쓸지는 오로지 내 선택인 셈이다. 긍정과 부정의 두 의미로 쓰인다면, 우선 긍정의 의미로 써보는 것이 좋지 않을까? 이왕이면 좋은 것이 좋지!

# 아무것도 하지 않기

Doing nothing!

월요일에 만나는 사람들에게 "주말에 뭐했어?" 혹은 "주말은 어땠어?" 하고 물어보면, "아무것도 한 거 없이 쉬었어Nothing. Just take a rest"라고 대답하는 사람이 많다. 그리고 그런 주말이 하루만 더 있었으면 좋겠다고 투정을 부린다. 나 역시 주말이 하루만 더 있으면 좋겠다고 말하지만, 이유는 좀 다르다. 나는 주말에 일을 많이 하고, 평일에 미처 처리하지 못한 일들을 해야 해서 주말이 더 필요하다.

우리는 쉬기 위해 많은 일을 한다. 쉬기 위해서 휴가를 떠난다. 집을 떠나 산으로 가서 텐트를 치고, 몇 시간을 운전해 놀이공원으로 간다. 쉬면서 아무것도 하지 않고, 아무 일도 일어나지 않는 상황을 원하면서도 끊임없이 무언가를 한다. 쉬기 위해서 하는 일이 때로는 사람을 더 피곤하게 만들기도 하고, 쉬면서 더 많은 일을 벌이기도 한다.

아무것도 하지 않는 사람이 되기 위해 내가 택한 방법은, 시작한 일을 마무리하기 전까지는 새로운 일을 시작하지 않는 것이다. 그리고 메모지에 생각을 정리한다. 머리속의 복잡함을 종이에 적는다고 해서 눈에 보이는 변화가 일어나는 것은 아니지만, 머리에 있던 생각들을 종이에 정리하고, 버리고, 비우는 일을 하는 것이다. 생각을 적는다는 것은 몸을 크게 쓰는 수고가 아니어서, 머리도 쉬고 몸도 쉬는 상태가 된다.

아이들에게 '휴식'은 자신이 편안하다고 느끼는 공간에서 하고 싶은 대로 무엇이든 할 수 있는 상태를 의미한다고 한다. 아이들에게 놀이와 휴식은 동일한 의미이며, 발달을 위한 도구이며, 정서적인 안정과 발산의 기회를 제공한다.

그렇다면 어른들의 휴식은 아이들의 휴식과 다른 걸까? 나는 다르지 않다고 생각한다. 종일 일터에 머물다가 집에 온 어른들에게, 때로는 멍때리거나 빈둥거리는 시간이 진정한 휴식과 자기 탐색, 사고의 시간이 되어주기도 한다. 하루종일 심심하게 놀다가 문득 새로운 아이디어나 글감, 혹은 잊고 있던 친구가 떠오르기도 한다. 아무것도 하지 않아야 비로소 무엇인가를 할 수 있는 것이다.

지금, 내가 있는 이곳은 볕이 좋은 일요일 오후 2시를 지나고 있다. 아무것도 하지 않기 좋은 시간이다.

# 마음이
# 쉴 시간을 주세요

Let your mind meander!

“잘 쉬는 것은 열심히 일해서 목표를 성취하는 것만큼이나 의미가 있다. 아니 어쩌면 그보다 더 큰 가치가 있다. 우리는 잘 쉬어야 일을 잘할 수 있다.” 이런 비슷한 말들을 많이 들어왔지만, 쉬는 연습을 해보지 않은 사람은 어떻게 쉬는 것이 잘 쉬는 것인지도 모르는 경우가 많다. 이런 사람들은 쉬면서도 일을 한다.

나는 일을 할 때 우선 목표를 정한다. 일의 목표는 나와의 약속이고, 약속은 끝까지 지켜야 하기에, 목표를 이루기 위해 열심히 일한다. 철저하게 계획을 세우고, 기한을 정해 시곗바늘처럼 딱딱 맞추어 일하는 편이다. 그런데 쉬는 건 어떨까. 쉴 계획을 세우거나, 쉬기 위해 자신과 약속을 하는 것은 생각해보지 못했다. 우리에게는, 하던 일을 잠시 멈추고 갈 방향을 재정비하는 시간이 필요하다. 바쁜 일상에서는 새로운 아이디어가 비집고 들어오거나 진행중인 일의 방향을 정비할 여유가 만들어지기 힘들다. 새로운 생각은 온전히 빈 시간과 나만의 조용한 순간에 찾아온다. 그래서 육체적 또는 정신적인 시공간에 빈틈free body time & free mental space이 생길 수 있도록 자신만의 시간을 따로 만들어야 한다. 적극적으로 자신의 마음이 온전하게 쉴 수 있는 계획을 세우고 시간을 할애하는 연습이 필요하다. 내가 아는 한, 나사에서 일하는 대부분의 사람들은 잘 쉰다. 몇 달 전부터 계획을 세워서 휴가를 신청하고, 팀 업무에 지장이 없도록 함께 일하는 사람들에게 휴가 계획을 알린다.

나는 잘 쉬지 못하는 사람이어서 일단 쉴 계획을 세우는 것부터 시작해보기로 했다. 그래서 이번주를 '천천히 가는 한 주'로 정하고, 쉬는 연습을 했다.

1. 새로운 책을 읽는다.
2. 새로운 모임에 나가서 새로운 사람들을 만난다.
3. 새로운 영화를 본다.
4. 내 안의 호기심을 늘려서, 주변 사람들과 대화를 나눈다.

물론, 아무것도 하지 않아도 된다. 그저 자신만의 방식에 따라 쉬면 된다. 앞서 말했듯 나의 어머니는 "우리 인생은 멀리서 보면 하나의 직선으로 보이지만 가까이에서 보면 무수히 많은 점이 모여 만들어낸 선"이라고 말씀하셨다. 점과 점 사이의 공간은 우리 인생의 휴식 시간이고, 멀리서 보면 그 많이 점들이 모여 결국 하나의 선이 되는 것이다. 잘 쉰 뒤에 내가 만드는 점은 이전의 점보다 크고 선명할 것이다. 그러니 점과 점 사이의 공간을 두려워 말고 잘 쉬어보자. 부드럽고도 강력한 선을 이루는 데는 점과 점 사이에 존재하는 쉼의 공간도 중요하다.

## 당신의 하루는 온전히 당신 것입니다

You take charge of your day today!

"오늘 하루 어땠어How are you today?"는 이곳에서 가장 많이 말하고 듣는 말 중 하나이다. 나를 포함한 대부분이 "좋아" 혹은 "아직까지는 좋아" 하고 대답한다.

언젠가 대책 없이 길어진 미팅과 잘못된 실험 탓에 엉망인 하루를 보낸 날이 있다. 실험실로 전화를 걸어온 동료는 "오늘 하루 어때? 잘 지내고 있어?" 하고 물었고, 나는 습관처럼 "좋아" 하고 대답했다. "좋아. 내 하루는 괜찮아" 하고 대답한 순간, 엉망이라고 생각했던 나의 하루가 괜찮은 하루로 변했다. 상황이 달라진 것은 없다. 나는 내 하루를 살고 있고, 좋든 나쁘든 온전히 내 선택인 것이다. '내 하루는 온전히 내 책임이고, 책임감 있는 마음으로 살아야겠다'는 다짐을 했다.

친구는 나에게 '나를 행복하게 하는 것들'을 아주 구체적으로 많이 만들어 '주머니'에 넣어놓으라고 조언해주었다. 그리고 수시로 그 주머니 속에서 사탕처럼 하나씩 꺼내어 먹어보라고 했다. '나를 행복하게 하는 것들'을 꺼내 먹으면서 행복해지라고 말이다. 내 '주머니' 속의 사탕들은 가령 이런 것들이다.

주말 아침에 한적한 산책길을 달리고 나서 커피숍에 앉아 일기를 쓰는 시간, 그리고 향 좋은 커피 한잔. 서점에서 우연히 고른 책의 한 줄이 이미 다음 줄을 기대하게 하는 일. 그리고 사자마자 서점 바닥에 앉아 마지막 장까지 읽어버린 책. 볕 좋은 6월의 어느 날 뒷마당에 가지런히 널린 빨래들. 공항 라운지에서 떠나거나 돌아오는 사람들을 바라보는 일. 말이 잘 통하는 사람과 나누는 연구 이야기.

이 모든 것이 내가 종종 꺼내 먹는 사탕이고, 나를 행복하게 하는 순간들이다.

내 책임인 하루를 위해 내가 늘 하는 일은, 자신만의 시간을 멋지게 꾸미며 사는 사람들 곁에 머무는 것이다. 그들은 내 거울이 되기도 하고, 채찍이 되기도 한다. 그들 곁에 머물면서, 나 역시 그들에게 긍정적인 영향을 주는 사람이 되기 위해 노력한다.

엄마는 오늘도 내게 두 가지를 당부했다. "매사 감사하라", 그리고 "오늘도 즐겁게 살아라". 내가 어떤 하루를 보내는지는 온전히 나에게 달렸기에, 오늘도 나는 즐겁게 산다. 그렇게 생각하고 살다보면, 감사한 일들이 마구 늘어난다.

"오늘 하루 어땠어?"

"아주 멋진 날이었어. 볕이 좋은 산책길을 달렸고, 커피를 마시면서 책도 읽고 글도 썼어."

오늘 하루, 당신 역시 당신만의 아주 멋진 날을 보냈기를 바란다.

# 안녕, 햇살!

Hello sunshine!

내가 근무하는 센터는 보안 요원에게 센터 출입증을 검사받은 뒤에야 출입이 가능하다. 보안팀은 내 이름과 얼굴은 물론 나의 자동차까지 기억한다.

지난 12년 동안 매일 아침 봐온 보안요원은 나에게 항상 "좋은 아침이야, 햇살Good morning, sunshine!"이라고 인사를 건넨다. 동료에 대한 친근함을 특별한 별명으로 표현해주는 것이다. 해가 뜨든, 비가 오든, 바람이 불든, 눈이 오든 날씨와 상관없이 "햇살"로 불리니 햇살만큼 밝고, 행복하고, 따뜻하다. "Good morning, sunshine"이라고 인사를 받은 날은, 나는 오늘 'sunshine'이니까 'sunshine'처럼 살아야겠다는 생각이 절로 든다.

기술자로 일하는 스튜어트는 나를 언제나 "특별한 젊은 아가씨special young lady"라고 부른다. 내가 처음 나사에서 일한 2009년부터 지금까지 12년간 나의 모습을 봐와서인지, 아버지가 자식을 보듯 아직도 나를 "young lady"라고 부르고, 엄마가 자식에게 "너는 특별한 아이란다"라고 말해주듯 나를 "special lady"라고 불러준다. 스튜어트에게 "special lady"라고 불리는 날이면, 나는 특별한 일을 하고 싶다는 생각이 든다. 적어도 '오늘은 어떤 특별한 일을 해볼까' 하는 방향으로 마음을 쏟게 되는 것이다. 그리고 마음이 가는 방향으로 삶이 따르는 것을 경험한다.

내 지인의 경우를 예로 들자면, 그분은 중학교 때 '할매'라는 별명이 있었다고 한다. 웃으면 팔자주름이 더 깊어지기 때문에, 웃을 때면 더욱 '할매'라고 놀림을 받았고, 그래서 웃는 게 주저되었다고 한다. 그러다가 팔자주름 부위를 양손 검지로 누르고 웃는 버릇이 생겼고, 성인이 된 지금도 이 버릇이 남아 있다고 한다. 이는 '부정적인 호칭'이 지인의 인생에 끼친 '악영향'과 '긍정적인 말'의 중요성을 여실히 보여준다.

무엇으로 불리는지에 따라서 내가 향하는 방향과 행동하는 모습이 달라진다. 자꾸만 듣고 싶은 이름으로 불려진다면, 그 이름으로 살고자 하고, 그 길로 가고자 할 것이다.

학교 다닐 때 배운 김춘수 시인의 시 「꽃」에서도 그러지 않는가.

내가 그의 이름을 불러 주기 전에는 / 그는 다만 / 하나의 몸짓에 지나지 않았다. // 내가 그의 이름을 불러주었을 때 / 그는 나에게로 와서 / 꽃이 되었다.

오늘 "햇살아! 행복아! 사랑아! 기쁨아! 감동아!"라고 불러보자. 꽃도 피게 하고, 미소가 번지게 하고, 곡식도 자라게 하고, 생각도 밝아지게 하는 햇살이 내 곁에 머물러줄 것이다.

# 숨쉬는 것 잊지 마세요

Do not forget to breathe!

너무 바쁘면 "숨쉴 틈도 없다" 혹은 "숨쉬기도 바쁜 하루였다"고 말하곤 한다. 너무 놀라거나 화가 나면 "숨쉬기를 까먹었다"거나 "잠시 숨이 멈췄다"고 한다. 비록 과장된 말이지만 살아가는 데 중요한 숨쉬기를 우리는 이렇게 자주 까먹는다.

나 또한 이번주는 숨을 쉬고 있다는 것도 까먹을 만큼 바쁘게 지냈다. 숨쉬는 것을 까먹을 만큼 바쁘게 지내는 날이면, 어김없이 머리에 산소가 공급되지 않아 헛소리도 하고, 말도 안 되는 짓도 하고, 실수도 하게 된다.

정신없이 바쁜 오전 일과를 보내고 책상에 앉았는데 컴퓨터 스케줄 알람창에 15분 후 요가 수업이 있다고 떴다. 내가 근무하는 센터에는 월요일과 목요일 점심에 요가 수업이 있다. "바쁠수록 돌아가라"던 엄마의 말이 생각나서, 물통 하나 들고 센터 내 체육관으로 향했다. 요가 선생님인 앤지는 학생들에게 가장 편한 자세를 취하라고 한 후, 요가 매트에 다양한 자세로 있는 모두에게 "천천히 숨을 들이마시고 천천히 내쉬고……"부터 시킨다. 그리고 내가 높은 난도의 동작을 할 때마다 숨도 안 쉬고 있는 걸 어떻게 아는지 "자, 모두들 숨쉬는 거 까먹지 마요"라고 한다. 힘든 동작을 할 때는 내 숨에 집중하면 덜 힘들게 느껴진다. 요가를 하다 보면 숨쉬기가 얼마나 까먹기 쉬운 일인지 깨닫게 된다. 그러다 의식적으로 크게 한 번 숨을 쉬면, 숨통이 트이고, 힘든 일도 숨쉬기처럼 쉬워진다. 오늘도 나는 요가 수업에서 삶의 숨쉬기를 배웠다.

정신없이 바쁜 일상에서 우리는 숨쉬기까지 까먹고 살고, 일이 잘 안 되거나 사람과의 대화가 잘 안 돼서 화가 나면 숨을 잡아두기hold까지 한다. 이럴 때 나는 '다섯 번만 숨쉬자'고 스스로에게 속삭인다.

첫번째 숨: 그래 별거 아니야.

두번째 숨: 무엇부터 해야 할지 생각해보자.

세번째 숨: 방향이 선명해지네.

네번째 숨: 다시 해보자.

다섯번째 숨: 이제 내 숨소리가 들리고, 내 숨의 속도를 찾았어.

이렇게 다섯 번만 숨쉬기에 집중하고, 내 숨소리를 듣다보면, 모든 것이 선명하게 보이고 평안이 찾아온다.

숨쉬기는 생명을 유지하기 위한 들숨과 날숨의 순환과정이다. 살아 있는 한 숨을 쉬며 생존을 증명한다. 들숨으로 폐에 들어온 산소가 폐의 혈관으로 공급된다. 폐에서 출발한 산소는 심장으로 이동하고, 심장의 펌프질을 통해 몸안으로 퍼진다. 이렇게 혈관으로 공급된 산소는 몸안에서 이동하면서, 이산화탄소를 모으고, 다시 폐로 돌아온 이산화탄소는 날숨으로 내보낸다. 숨을 들이마시고 내쉬는 것을 까먹거나 멈춰서는 안 된다. 숨쉬기는 순환과정이기에 어느 순간에 머물러 있으면 문제가 된다. 숨쉬기를 까먹거나, 순환 없이 들숨이든 날숨이든 한 동작에 오래 머무르면, 결국에는 숨이 막혀 죽는다. 한국말에 죽음을 표현할 때 "숨이 넘어갔다"는 말도 있지 않은가.

오늘 하루, 편안히 숨쉴 수 있는 즐거움을 까먹지 않기를 바란다. 내가 하듯 다섯 번만 자신의 숨소리에 집중하고 마음을 다듬으면 숨쉬는 것을 까먹지 않을 수 있다.

한 숨 한 숨 귀하게 쉬다보면, 내가 숨쉬고 있음에 감사하게 된다. 숨쉬는 것을 잊지 말자.

# 진공펌프처럼……

Like vacuum pump……

진공펌프는 밀폐된 용기 속의 공기를 뽑아 압력을 낮추는 것인데, 진공도를 높여 밥을 짓는 압력밥솥의 원리와 완전히 반대되는 원리이다. 즉, 밀폐된 압력밥솥에 열을 가하면 압력이 높아지고(고진공) 물이 끓는점인 100도보다 높은 온도에서 끓어 쌀이 잘 익고 맛있는 밥을 만들게 된다. 반면 용기 안의 진공도를 낮추는 진공펌프(저진공)는 펌프 안의 많은 날개가 돌면서 내부 부피를 증가시키게 되면 용기에 있는 기체들이 빠져나오게 되고, 공기가 빠지면 다시 팽창을 반복하면서 용기에 있는 기체들을 모두 밖으로 빼낸다. 이러한 과정을 무한 반복하면 용기는 점점 진공에 가까워진다. 이때 펌프 안 날개는 천천히 속도를 높어야 기계에 무리가 생기지 않는다. 우리의 몸도 진공펌프처럼 천천히 속도를 높여야 무리가 가지 않는다.

대상포진으로 사흘 간 병가를 보내고 실험실로 돌아온 나는 쌓여 있는 업무를 빠르게 끝내려고 몸안 모든 날개를 최대속도로 돌렸다. 고장이 났다가 수리되어 돌아온 '몸 장비'를 풀가동시키며 일하는 내게 동료는 진공펌프처럼 서서히 몸을 가동하라고 말해주었다.

66㎡ 남짓 되는 실험실에는 무려 여섯 개의 펌프가 있다. 우주처럼 공기가 희박한 진공 환경을 만들어 실험을 하거나, 우주용 렌즈나 전자부품 같은 제품 표면의 먼지나 물기를 최소화하기 위해 진공펌프로 불순물을 뽑아낸다. 이런 이유로 대부분 장비에 진공펌프가 하나씩은 연결되어 있다. 매일 진공펌프를 가동하고, 미세한 소리로 펌프의 건강 상태를 확인하는 나이기에, 진공펌프처럼 서서히 시작하라는 말은 더 깊이 와닿았다.

진공펌프를 작동하는 것은 자동차 운전과 같아서 '3급'을 주의해야 한다. '3급'이란 급출발, 급가속, 급제동을 말하는데, 이것만 조심해도 연비의 효율을 높이고 '사고'를 줄일 수 있다. 가속 할 때는 천천히, 브레이크를 잡을 때는 정지해야 하는 타이밍 전에 미리 속도를 낮추어 서서히 멈춘다. '3급'을 피하는 것만으로도 연료를 30% 가까이 아낄 수 있다. 반대로 타이어에 마찰음이 날 정도의 급발진, 급가속을 열 번만 해도 100cc가량의 연료가 소모된다고 하는데, 이는 약 1㎞를 더 달릴 수 있는 양이다. 안전 운전과 연비 효율, 그리고 자동차의 상태를 위해 3급을 피해야 하는 것처럼, 진공펌프 작동도 급출발, 급가속, 급제동을 조심하면 고장 없이 오래 쓸 수 있다.

우리 몸도 진공펌프처럼 천천히 켜고 꺼야 고장 없이 오래 쓴다. 짧은 시간 안에 높은 진공 상태를 만들겠다고 몇 초만에 펌프 날개를 최대로 가동하면 과부하가 걸려 날개가 상할 뿐 아니라, 용기도 급격한 압력의 변화를 이기지 못하고 변형된다. 전원을 끌 때도 마찬가지다. 방안의 형광등은 스위치를 끄면 바로 꺼지지만, 펌프는 멈추는 버튼을 누르면 10분간 날개 속도를 서서히 늦추다가 완전히 멈춘다. 우리 몸도 고장 없이 연비 좋게 쓰려면 급출발, 급가속, 급제동을 조심하자. 컨디션은 스스로 조절하는 것이다.

# 워라밸,
# 일과 삶의 균형

Work & life balance!

센터에서 해마다 꼭 하는 세미나 중 하나가 '일과 삶의 균형work & life balance'에 관한 것이다. 안전 세미나, 보안 세미나와 더불어 3대 세미나 중 하나이다. 일과 삶의 균형이 얼마나 중요한지를 알 수 있다. 나사에서의 일은 2주 80시간으로 정해져 있지만, 일터 밖에서의 삶은 할당 시간이 없기에 그 중요성을 놓치고 지내기 쉽다. 따라서 끊임없이 균형을 이루려고 인지하고 노력해야만 균형에 가까운 삶을 살 수 있을 것이다.

일과 삶의 균형은 '집안일과 직장 일의 균형' '놀이와 일의 균형' '가족 관계와 직장 동료 관계의 균형' '정신적 채움(사랑)과 육체적 채움(음식)의 균형' 등을 아우른다. 예를 들어, 음식이 부족하면 배가 고프지만, 사랑이 부족하면 마음이 허하다. 마음이 허한 것을 음식으로 채우려다가는 체중만 늘고 자칫 건강을 해칠 수도 있다.

삶에서 부족한 균형을 일로 채우려고 하면, 불균형 상태는 더욱 심각해진다. 시소 놀이에서 균형 잡기를 생각해보자. 몸무게가 같은 두 사람이 시소 위에서 균형을 이루는 일은 간단하다. 무게중심을 시소의 중간에 두면 된다. 그처럼 일과 삶의 비중이 같다면 균형을 이루는 일은 간단하겠지만, 대부분 무게가 달라서 균형 잡기가 그리 간단하지 않다.

일과 삶의 무게가 다를 때, 무게중심을 중간에 두면 균형은 무너지게 된다. 하루 12시간 일하고 12시간은 일 외의 생활을 하기가 불가능할 때, 우리는 시간이 덜 할당된 쪽으로 더 무거운 것을 두어야 한다. 즉 균형을 이룬다는 것이 꼭 일과 삶의 중간지점에 머물러 있어야 함을 의미하지는 않는다. 무게가 다른 두 개 사이에서 중심을 잡기 위해서는 무거운 쪽으로 몸을 더 기울여야 무너지지 않고 균형을 이룰 수 있다. 몸무게가 다른 두 친구가 시소를 탈 때 몸무게가 가벼운 친구가 중간점에서 더 멀리 떨어져 타는 것과 같은 이치인 것이다.

삶에 있어서 무게를 둔다는 것은 질적 가치를 둔다는 것을 의미한다. 무게 균형을 이루는 나만의 비법은 자리에서 일어나 걷는 것이다. 자리에서 일어나는 것은 '균형을 찾을 마음이 있다'는 것을 대변하고, 걷는 것은 '방향을 틀어서, 균형을 찾아가는' 일이다. 자리에서 일어나 걷는 행위는, 내가 삶에서 너무 한쪽 끝으로 치우치지 않고 중간지점에 머물도록 돕는다.

일과 삶의 균형을 찾고 싶다면, 자리에서 일어나 걸어보자. 일에 빠진 나를 균형적인 삶의 방향으로 이끌어줄 작은 움직임이다.

# 쉬는 시간이
# 제일 중요하다

This is the most important moment!

내가 초등학생 때는 전교생이 운동장에 모여서 국민체조를 했는데, 국민체조의 마지막 구호는 "쉬어"였다. 내가 요즘 즐기는 요가 수업의 마지막 동작 역시 요가 매트에 누워서 취하는 "쉬어"이다. 요가 수업 마지막에 선생님은 "지금까지 한 요가 동작의 효과가 나타나길 기다리면서 쉬자"고 말한다. 5분의 국민체조에서 쉼은 30초이고, 1시간의 요가에서 쉼은 5분이 채 되지 않지만, 그 잠깐의 휴식은 운동의 효과를 극대화할 수 있는 중요한 시간이다.

지난 6개월 동안, 쉼 없이 일해온 나는 지금 쉬고 싶다. 나에게 있어서 쉬는 것은 두 가지 단계로 이루어진다.

1. 우선 천천히 가본다. 내 쉼의 계획을 세우는 것이다. 시간에 쫓겨 촉박하게 서두르지 않고 천천히 가겠다는 나의 의지를 스스로에게 보여주는 것이다. 일할 때면 늘 차던 시계를 풀고 약속을 최소화한다. 시계를 풀면, 시간에 쫓기지 않고 느슨하게 일하게 되고, 쉬면서도 느슨하게 일하는 상태가 된다. 또한 일하면서도 쉬고 있다는 여유로운 마음이 든다. 물론 천천히 가는 것만으로 해결되지 않는 상황도 있다.

2. 해외로 장거리 여행을 떠난다. 해외에 머무르는 동안만이라도 오로지 쉰다는 목표를 세우는 것이다. 나처럼 평범한 노력파들은 일에 대한 강박이 있어서, 쉬게 되면 업무에 대한 불안감이 엄습하는 경우가 많다. 그래서 일터에서 벗어나도 노트북을 켜서 일을 하고 만다. 쉬러 간 공간이 결국에는 또다른 일터가 돼버리는 것이다. 그런데 해외여행은 여행 동안 일을 완전히 차단할 수 있는 좋은 '핑곗거리'가 되어준다. 보안이 엄격한 정부기관에서 일하는 경우에는 해외여행을 할 때 제약이 많다. 우선 어떠한 업무도 해외에서 할 수 없고, 노트북이나 휴대전화를 가지고 가는 것도 제약이 많아서 모든 전자기기를 내려놓을 수밖에 없다. 그렇기에, 읽고 싶은 책 정도만을 챙겨 가는 해외여행은 집을 떠나는 순간부터 온전한 휴식이 되어준다. 특히 한국으로의 여행은 가족도 보고, 엄마 음식도 먹고, 마음껏 어디든 걸을 수 있는 최고의 휴식이다. 그렇다면 잘 쉬기 위해선 어떻게 해야 할까.

첫째, 쉬는 것에도 목표가 있어야 한다. 목표 없이 쉬면, 쉬는 동안 불안하고, 시간이 지날수록 의미 없이 시간을 낭비한 기분이 들기도 한다. 그리고 사실상 쉬지 않고, 끊임없이 생각하고 고민하는 시간을 보내기도 한다.

둘째, 구체적인 계획이 있어야 한다. 잘 쉬기 위해서 자신에게 쉼이 필요한 이유를 파악하고, 그에 맞는 휴식을 계획하고 쉰다.

셋째, 쉬는 것은 지혜가 필요하다. 잘 쉬면, 지친 몸과 마음에 활기를 되찾아주고, 다시 힘내서 일할 열정을 주기에, 자신에게 맞는 휴식 방식을 찾는 지혜가 필요하다.

넷째, 쉰다는 것은 적극성이 필요하다. 쉬어야지, 쉬어야지 하면서, 매일같이 똑같은 일상을 반복한다면 말로만 쉬는 꼴이 된다. 나는 진짜 '쉬는 것'은 한 번에 한 가지만 하는 것이라고 생각한다. 맛있는 음식을 먹을 때는 먹는 것에만 집중해야 하고, 영화를 볼 때는 영화에만 집중해야지, 이후에 뭐할지를 생각하면 식사나 영화에 집중하지 못하고 결국에는 쉰 것도 아니게 된다.

자신만의 방식으로 '쉬는 시간'을 가져보자. 잘 쉬어야 잘 일할 수 있다. 당신은 쉴 자격이 충분하다!

# 삶은 경쟁이 아니다

This is not the competition!

요가 강사 앤지는 요가를 가르치는 동안 끊임없이 말한다. "절대로 옆 사람과 경쟁하지 마라. 그의 몸과 네 몸은 엄연히 다르니, 오로지 네 몸 상태에 따라서 동작을 해라This is not the competition. You and your neighbor's body are different. Only listen to your body!"

우리의 삶도 경쟁이 아니다. 나와 내 이웃, 내 동료가 가진 능력, 관심사, 체력은 전부 다르다. 나는 오로지 내 능력을 알고, 내 체력이 되는 범위에서 살면 된다. 옆집에서 큰 차를 산다고 나도 따라 살 필요는 없다. 성공이라는 것은 절대적인 것이 아니다. 요가도 동일한 효과를 얻기 위해서 꼭 하나의 동작이 있는 것은 아니다. 몸 상태에 맞추어서 얼마든지 초급, 중급, 고급 동작이 있고, 거기에서 얻을 수 있는 효과는 같다. 반드시 어려운 동작을 해야만 몸에 더 좋은 효과가 나오는 것이 아니다. 즐기면서 하는 동작이 마음도 즐겁고, 최대의 효율을 낸다.

요가와 마찬가지로 삶 또한 경쟁이 아니기에 내 속도로 가면 된다. 나만의 속도로, 어제보다 나은 내일의 내가 되기 위해 노력하는 것. 그것이 요가 수업에서 내가 매일같이 마음에 새기는 것이다.

나의 삶은 다른 사람과의 경주나 시합이 아니다. 나 자신을 잘 이해하고, 보듬어주고, 사랑하면서 내 속도대로 가다보면 분명히 도착점에 이를 것이다. 당신의 여정을 축복한다.

저에게 인생은 하나의 큰 교훈입니다. 새로운 경험을 할 때마다 적응하고, 실패를 극복하며, 좌절을 동기로 바꾸고, 그 과정에서 자신뿐 아니라 타인과의 신뢰와 관계를 쌓아가며 앞으로 나아가는 방법을 배웁니다.

이 책은 나사에서 제가 지금까지 성장해온 여정의 이야기입니다. '점'은 저의 고유한 삶에 대한 이야기로 시작하지만, 여정은 결코 여기서 끝나지 않습니다. 누구나 자신의 이야기에 적용할 수 있도록 마침표를 찍지 않았습니다. 이런 의미에서 '점'은 끝나지 않은 여러 스토리입니다. 실패를 경험하고도 성공하는 방법, 팀과 프로젝트에 자신의 완전한 자아를 기여하는 방법, 그리고 개인의 성장과 긍정적인 생각에 대한 이야기입니다.

이 책에 찍은 점들을 따라서 꾸준히 걷다보면 우리는 성장하고, 앞으로 나아가고, 아름답게 다듬어질 것임을 확신합니다. 독자 여러분의 삶 속에서도 이 점들이 멋진 선으로 이어지기를 바랍니다. 이 책을 선택한 당신을 축복합니다.

이 책은 많은 분들의 노력으로 함께 만든 결과물입니다. 도움을 주신 모든 분들께 감사드립니다.

나사에 처음 출근한 2009년 4월 6일, 저는 20대였고, 카이스트에서 박사학위를 받은 지 몇 달이 지나지 않은 시점이었습니다. 한마디로 사회 초년생인 저를 나사의 동료들은 언제나 미소로 반겨주었고, 지금껏 함께 일하면서 저를 엔지니어로, 문제 해결사로, 팀 플레이어로, 그리고 리더로 키워주었습니다. 일하면서 특히나 기억에 많이 남는 대화들은 주로 기술 연구 영역 밖에서 이루어졌습니다. 이와 같은 '소프트 스킬'은 엔지니어링 교육중에 중요하게 다뤄지지 않는 경향이 있지만, 낯선 상황에서 역경을 극복하고 성공할 수 있는 가장 소중한 자산이라고 생각합니다. 나의 동료들은 자신의 경험을 아낌없이 나누어주었고, 특히 의사소통과 협업 및 끈기의 중요성, 그리고 나사와 같은 조직에서 성공하기 위해 이러한 모든 가치가 어떻게 필요한지 몸소 보여주었습니다. 책에서 저는 그들을 상사, 동료, 친구라 부르고 있으며, 궁극적으로는 모두 제 멘토들입니다. 일례로 나사 물리학자인 고드프리 사우티 박사에게 "네가 써준 시를 내 책에 실어도 되느냐"

고 물었을 때, 그는 "The purpose of writing it will have been served. And it is a bonus if it can be of use to others(시를 쓴 나의 목적은 달성되었고, 내 시가 다른 이들을 위해서도 유용하게 쓰일 수 있다면 덤이야)"라고 말해주었습니다. 세상을 경영하는 그의 순수한 열정은 제게 큰 가르침을 주며, 늘 감사하는 마음으로 나사에서의 삶을 대하게 합니다. 인생이 하나의 큰 교훈이라면, 그 과정에서 멘토는 교사들이고, 이러한 교훈은 한 개인이 사람으로서, 그리고 전문인으로서 성장하고 발전하는 데 도움을 줍니다. 제가 얻은 이 모든 교훈은 제 곁에 있는 이들의 지원과 멘토링 덕분이기에, 이 책의 출판 또한 이들 덕분입니다. 다시금 지난 12년간 제 삶의 모든 순간에 스승이 되어준 나사 직원분들에게 고마움을 전합니다.

2021년 유난히 더운 봄을 함께해준 신정민 교유당 대표님, 제 삶의 점인 꼭지글들을 유려하고 아름다운 문체로 수정해주셔서 진심으로 감사드립니다. 대표님과 90개가 넘는 꼭지들을 함께 수정하면서 제가 쓴 글들을 다시 읽는 것은, 끊임없이 지난 나를 만나고, 내가 한 수많은 실수들을 마주하고, 성장할 수 있는 귀한 시간이었습니다. 무엇보다 작업하는 내내 제 눈높이에 맞춰서 글쓰기 방법을 설명해주시고, 큰따옴표와 작은따옴표를 써야 하는 위치까지 세세히 알려주심에 감사합니다. 덕분에 많이 배웠습니다. 이원주 편집자님의 꼼꼼한 편집과 글에 대한 신랄한 평가에 감사드립니다. 직접 뵙지는 못했지만, 책이 출판되기까지 모든 과정에 함께해주신 분들께 감사드립니다. 책 추천의 글을 써주신 나사 최상혁 박사님, 연세대학교 손정우 교수님, MIT대학원에서 공부하는 Shravan Hariharan에게도 감사를 전합니다.

마지막으로, 제 삶의 참스승인 아빠(김경덕 요셉), 엄마(전순이 마리아) 감사합니다. '딸, 라파엘라 저 넓은 세상에 네 꿈을 마음껏 펼쳐라'라고 하신 아빠의 마지막 말처럼, 사랑하는 가족이 달아준 날개 덕분에 저는 지금 즐겁게 날고 있습니다. 고맙고, 사랑합니다.

2021년 8월

김현정

# 점

**나사에서 10년간 배운 100가지 지혜**

1판 1쇄 2021년 9월 24일
1판 2쇄 2021년 11월 26일

지은이 김현정

편집 이원주 신정민 | 디자인 엄자영 | 저작권 박지영 이영은 김하림
마케팅 정민호 김경환 | 홍보 김희숙 함유지 이소정 이미희 김현지
제작 강신은 김동욱 임현식 | 제작처 한영문화사

펴낸곳 (주)교유당 | 펴낸이 신정민
출판등록 2019년 5월 24일 제406-2019-000052호

주소 10881 경기도 파주시 회동길 210
전화 031) 955-8891(마케팅) | 031) 955-2680(편집) | 031) 955-8855(팩스)
전자우편 gyoyudang@munhak.com

트위터 @thinkgoods | 페이스북 @thinkgoods | 인스타그램 @thinkgoods

ISBN 979-11-91278-71-2 03190

• 싱긋은 (주)교유당의 교양 브랜드입니다.
이 책의 판권은 지은이와 (주)교유당에 있습니다.
이 책 내용의 전부 또는 일부를 재사용하려면 반드시 양측의 서면 동의를 받아야 합니다.